# NOTES

POUR SERVIR A

# L'HISTOIRE DE PROVENCE

PAR

V. LIEUTAUD

Bibliothécaire de la ville de Marseille



**N° 1**

6 JANVIER 1396

LES ÉLECTIONS MUNICIPALES A BERRE (BOUCHES-DU-RHONE)

**(Texte provençal inédit)**

**MARSEILLE**
**BOY FILS, LIBRAIRE**
**Boulevard Dugommier,**

**AIX**
**MAKAIRE, LIBRAIRE**
**Rue Pont Moreau, 2**

**1873**

# NOTES

POUR SERVIR A

# L'HISTOIRE DE PROVENCE

Tiré à 5 exemplaires sur papier de Hollande.

1 exemplaire sur papier de couleur.

# NOTES

POUR SERVIR A

# L'HISTOIRE DE PROVENCE

PAR


V. LIEUTAUD

Bibliothécaire de la ville de Marseille




**N° 1**

6 JANVIER 1396

## LES ÉLECTIONS MUNICIPALES A BERRE (BOUCHES-DU-RHONE)

**(Texte provençal inédit)**


MARSEILLE
BOY FILS, LIBRAIRE
Boulevard Dugommier,

AIX
MAKAIRE, LIBRAIRE
Rue Pont Moreau, 2

1873

# EPHÉMERIDES PROVENÇALES

6 JANVIER 1396.

## LES ÉLECTIONS MUNICIPALES A BERRE (Bouches-du-Rhône).

**(Texte provençal inédit).**

Voici comment chaque année, on procédait, le 6 janvier, à Berre, pour l'élection du Conseil municipal.

Le Conseil de l'année précédente élisait d'abord deux syndics, appelés ailleurs consuls, échevins, etc. Ces deux nouveaux élus, de concert avec l'ancien conseil, nommaient six conseillers nouveaux au scrutin secret. De plus, les deux syndics et deux membres du conseil antérieur étaient adjoints aux nouveaux élus, ce qui complétait le nombre symbolique de douze et pouvait faire comparer au collège apostolique les honorables sénateurs de Berre.

Ces formalités remplies, le *Baile* ou son lieutenant, au nom du Seigneur Baron de la ville, approuvait et confirmait le tout.

Nous tirons le procès-verbal suivant du plus ancien registre des délibérations municipales que possède la ville de Berre, coté BB. 2 et allant de 1396 à 1407.

**(F. 1, rº)** Segon si las aordenansas fachas en lo honorable concelh de la villa de Berra, estant Bayle lo savj home maystre Jaufre Magent, notarj d'Ays, e sus.l'an que hom conto de la encarnation de Nostre Senhor mil e ccc noranta (*sic*) sieys.

L'an que hom conto de la encarnacion de Nostre Senhor mil e ccc noranta e sieys, e lo jorn vj. del mes de ginosiar, congregat lo honorable conselh de la vila Rial de Berra, a requesta del noble home Sen Johan Blanquart, un dels sendegues de la dicha vila de Berra, e de mandament del dich savj home maistre Jaufre Magent, bayle, vos de trompa davant annant e a son de la campana, eneysins com es de costuma, en loqual conselh foron los *sendegues e* (1) prodomes de sos scrich e foron adordenadas las cau*sas que son de* sotz scrichas.

LO NOM DELS PRODOMES.

*Primo, Sen Johan Blancart, un dels sendegues*
*Item, Sen Hugo Raymon.*
*Guilhem Seguiar.*
*Maystre Peyre Alaman.*

..............................

(V°) Steve Gras.
Bertran Seguiar, pastre.
Anthoni Clarj, filh de G.

Et en aquel conselh per los sobredichs senhors sendegues e conselhiars en la presentia del dich Mossen lo Bayle foron fachas las ordenansas que s'en segon.

E premieramens foron elegitz per l'an propdanamens venent sendegues e conselhiars de la dicha villa de Berra los senhors prodomes de sos scrichs so es assaber : (2)

(1) Les mots en italique sont ceux qui sont détruits par l'humidité ou les vers, dont le registre a eu grandement à souffrir, et qui ont été restitués au moyen des formules analogues que l'on retrouve au f° 9, élections de 1397; f° 16, 1398 ; f° 35, 1401; f° 26 1407, etc.

(2) Voici une variante de cette formule que l'on retrouve à toutes les élections : « Et apres, en lo dich conselh, per los sobredichs senhors sendegues e conselhiers en la presentia del dich Mossen lo Bayle foron fachas las ordenansas e las elections de sos scrichas a votz et las dichas votz son vengudas a cas et a fortuna als prodomes enfra scrichs sendegues elegitz per l'an esdevenidor et conselhiers per la semblant maniera, a la qual election lo

SENDEGUES, LOS NOBLES

Steve Gras
Johan Ricart

*Item, semblablament los ditz sendegues novels am los vielhs ditz sendegues e conselhiars vielhs sobre nonmatz an elegitz per conselhiars novels, en la presentia del dich Mossen lo Bayle, dels quals los noms e sobrenoms enfra s'en segon.*

CONSELHIARS NOVELS

*Peyre Forniar.*
*Guilhem Romanilh.*
*Frances Aymeric.*
*Anthoni Goyran.*
*Raymon Trueia.*
*Anthoni Clarj* (1).

dich Mossen lo Bayle ha beniguamens consentit et aquella ha aprobat et confermat. » (f° 16, r°)

Berre ayant été donné en 1399 par le Comte Louis II au Prince de Tarente, son frère, et la bureaucratie du Nord, amenée en Provence par les princes de la 2me maison d'Anjou, doublée de paperassiers, de jurisconsultes processifs, commençant à nous envahir, voici comment les scribes de ces Angevins délaient cette formule en 1407, avec leurs circonlocutions de palais : « Et primo. an ordenat en lo dich conselh los ditzs senhors sendegue e conselhiers, en la presentia del dich Mossenhor lo Bayle, e foron fachas las eleccions sotzs scrichas, fachas a las vos et au sagrament prestatz sus los sancs de Dieu Evangelis, cascuns per si et en absentia l'un de l'autre, enaysi con es de bona costuma, per lasquals vos donadas foron elegitzs et ordinatzs sendegues novels per l'an que venent (es) e fenidor en l'autra festa propdanament venent de Parissia (*l'Epiphanie*), non movent per la dicha election en nenguna maniera los sus ditzs Steve Gras et Johan Brun, sendegues viels, de lur potestat, mas aquels per aquesta election confermant, so es asaber los nobles e discretzs homes Steve Miquel e Johan Aymeric de Berra, non obstant que els sian absens aysi con si eran presens. En la qual election lo predich Mossenhor lo Bayle a consentit et aquella a aprobat et confermat (f° 26, r°).

(1) C'est probablement un des aïeux du Roi de Suède actuel, dont la grand'mère, comme on sait, était une Clary : cette famille vint, plus tard, se fixer à Marseille.

(F° 2) RESTAN DE CONSELH VIELH LOS PRODOMES SOSCRICHS, SO ES ASSABER

| | |
|---|---|
| Johan Blancart<br>Hugo Raymon | sendegues vielhs |
| Guillem Seguiar<br>Maistre Peyre Alaman | dels conselhiars antics. |

De las quals causas fon demandat strument a mj Johan Carnal, notarj de la Cort Rial de la villa de Berra, per lo dig Sen Johan Blancart, sendegue.

(*Testibus*) Maystre Johan lo bos, fustiar (1).
Anthoni Laurens, de Berra.

(1) On a déjà remarqué, sans doute, la substitution de l'*a* à l'*e* et donnant les étranges formes : Forniar, Fustiar, Seguiar, Conselhiar, Ginosiar, Rediar, Febriar, etc, etc. Ce n'est pas là, comme on pourrait le croire, une prononciation propre au dialecte de Berre, car ces formes ne se présentent que dans les procès-verbaux de 1396 et sous la plume de Me J. Carnal. Peut-être celui-ci employait-il cette orthographe étymologique pour mieux indiquer la forme latine qui nous a donné ces mots.

Marseille. — Typ. Marius Olive, rue Sainte, 39.

# NOTES

POUR SERVIR A

# L'HISTOIRE DE PROVENCE

PAR

V. LIEUTAUD

Bibliothécaire de la ville de Marseille

N° 2

## UN DINER OFFICIEL A JONCQUIÈRES (VAUCLUSE)

17 FÉVRIER 1725

MARSEILLE
BOY FILS, M. LEBON
Libraires

AIX
MAKAIRE, LIBRAIRE
Rue Pont Moreau, 2

1873

## ONT DÉJA PARU :

*Elections municipales à Berre (Bouches-du-Rhône), 6 janv*

# NOTES

POUR SERVIR A

# L'HISTOIRE DE PROVENCE

Tiré à 50 exemplaires sur papier ordinaire
« à 5 exemplaires sur papier de Hollande.
« à 2 exemplaire sur papier de couleur.

N°

# NOTES

POUR SERVIR A

# L'HISTOIRE DE PROVENCE

PAR

V. LIEUTAUD

Bibliothécaire de la ville de Marseille



N° 2

## UN DINER OFFICIEL A JONCQUIÈRES (VAUCLUSE)

17 FÉVRIER 1725

MARSEILLE
BOY FILS, M. LEBON
Libraires

AIX
MAKAIRE, LIBRAIRE
Rue Pont Moreau, 2

1873

# UN DINER OFFICIEL A JONQUIÈRES (VAUCLUSE)

17 FÉVRIER 1725.

---

On a souvent entendu citer le repas qu'Esope le Phrygien servit à Xantus, son maître. Celui-ci ayant commandé d'acheter ce qu'il y avait de meilleur et rien autre chose, l'esclave, ainsi que le rapporte La Fontaine, « n'acheta que des langues, lesquelles il fit accommoder à toutes les sauces : l'entrée, le second, l'entremets, tout ne fut que des langues. »

Eh bien ! le 25 février 1725, la commune de Jonquières, ayant à traiter le Gouverneur de la principauté d'Orange, ne trouva rien de meilleur à lui servir que du poisson. Il est vrai que c'était jour de jeûne et d'abstinence, et à cette époque on ne demandait pas à l'autorité ecclésiastique la dispense du maigre un vendredi, parce que l'arrivée d'un souverain, d'un ministre réunissait ce jour-là, dans un pays, plus de monde qu'à l'ordinaire.

Le 25 février 1725, la municipalité de Jonquières fit donc faire maigre au Gouverneur de la principauté d'Orange.

Dans la maison que M. de Robert possédait à Jonquières, le couvert se trouva mis. Antoine Boisson, l'un des écuyers-tranchants du lieu, disposa tout selon l'étiquette : on lui donna dix sous pour sa peine.

François Jouvin apporta d'Orange la vaisselle et le dessert. En y comprenant 3 livres pour le louage des chevaux de transport et 24 sols pour le bris d'une jatte, 7 gobelets et 8 verres, il reçut 95 livres 13 sols.

Il y avait deux tables. Sur la grande, il y avait au milieu une grande jatte de confiture d'office ; aux deux bouts, deux autres jarres de confiture ; aux flancs, deux assiettes de fruits crus, deux de gauffres, deux de massepains, quatre compotiers et quatre bouteilles de liqueurs. Sur la petite, une jatte de gauffres occupait le milieu, flanquée de deux jattes de confitures, de deux assiettes de massepains, de quatre compotiers et de trois bouteilles de liqueurs.

François Dauphin, aubergiste d'Orange, fut chargé d'apprêter les mets ; il reçut pour cela 222 livres 12 sols de la municipalité. De plus, celle-ci fit venir de Valence 24 livres de truffes noires, à sept sous la livre.

Elle acheta aussi des chandelles pour 20 livres chez Brégon, à Orange ; douze boîtes de confitures pour 15 livres 8 sols et 12 paquets de bougies pour 21 livres 12 sols chez Turc, à Avignon, et des torches pour 30 sols chez Limoges, à Orange.

Remarquons toutefois que dans cette somme de 222 livres douze sols furent compris le voyage de l'exprès que l'on envoya à l'Isle et au Thor pour y chercher des truites et des écrevisses, et le dîner que firent, chez

Dauphin, les consuls de Jonquières, quand ils allèrent lui faire leur commande.

Le repas se composa de quatre services, dont voici le détail tel qu'on le lit aux *Archives communales de Jonquières*, CC. 33.

PREMIER SERVICE :

Deux plats de bisques d'écrevisses. — Deux plats de bisques aux moules. — Deux soupes de trois rascasses chacune. — Deux plats de petits prestes d'anguilles. — Deux plats de saumon. — Deux plats d'œufs frais. — Deux plats de harengs blancs à la Sainte-Menoul (Menehould).

SECOND SERVICE (Entrée) :

Deux têtes de boudroy. — Deux plats d'anguilles à la Sainte-Ménoul. — Deux plats de truites en rayons aux moules. — Deux plats de galinettes au coulis d'écrevisses. — Deux plats de soles farcies. — Deux plats de morue farcie. — Deux plats d'œufs à l'oseille.

TROISIÈME SERVICE :

Deux plats de merlans. — Quatre plats de soles. — Deux plats de rougets au basilic. — Deux grands plats de truites. — Huit salades d'herbes et quatre d'oranges.

QUATRIÈME SERVICE (Entremets) :

Deux tourtes de crême. — Deux plats de choux-fleurs en parmesan. — Deux plats d'écrevisses. — Deux plats de cardes à la crême. — Deux plats de ramequins. — Deux plats d'épinards à la crême. — Deux plats de thon. — Un ragoût de truffes.

Il se mangea à ce dîner pour sept francs de pain et il s'y but quatre dames-jeannes de vin,

S'il faut en croire une anecdote rapportée par Luitprand (1), la couronne de France, déférée en 888 au comte Eudes, fils de Robert-le-Fort, aurait été refusée à Gui, duc de Spolète, pour avoir méprisé le splendide festin préparé par l'Evêque de Metz et lui avoir préféré un repas de dix drachmes et un cheval. A ce compte, le Gouverneur d'Orange l'eut certainement méritée deux fois.

Une remarque singulière que nous suggère en terminant ce menu presque entièrement ichthyophagique : le poisson était chose inconnue dans les repas officiels de la municipalité marseillaise avant la Révolution (2); on ne pourrait vraiment pas en dire autant de Jonquières.

(1) Luitprand : *Antapodosis*, 1, 16 — Cf. Pertz : *Monumenta Germaniæ*. III, 280 ; D. Bouquet, VIII, 131, *a b*.

(2) A. Fabre : *Les Rues de Marseille*, t. II, p. 367, note 4.



Marseille. — Typ. Marius Olive, rue Sainte, 39.

# NOTES

POUR SERVIR A

# L'HISTOIRE DE PROVENCE

PAR

V. LIEUTAUD

Bibliothécaire de la ville de Marseille

N° 3

## VENTE DE LA VILLE DE MOUSTIERS (BASSES-ALPES)

**au roi Robert, comte de Provence**

27 MARS 1313

MARSEILLE
BOY FILS, M. LEDON
Libraires

AIX
MAKAIRE, LIBRAIRE
Rue Pont Moreau, 2

1873

## ONT DÉJA PARU :

*Elections municipales à Berre (Bouches-du-Rhône)*, 6 *janvier* 1396.

*Un Diner officiel à Jonquières (Vaucluse)*, 17 *février* 1725.

# NOTES

POUR SERVIR A

# L'HISTOIRE DE PROVENCE

PAR

V. LIEUTAUD

Bibliothécaire de la ville de Marseille

**N° 3**

VENTE DE LA VILLE DE MOUSTIERS (BASSES-ALPES)

**au roi Robert, comte de Provence**

27 MARS 1313

MARSEILLE
BOY FILS, M. LEBON
Libraires

AIX
MAKAIRE, LIBRAIRE
Rue Pont Moreau, 2

1873

Tiré à 50 exemplaires sur papier ordinaire
« à 5 exemplaires sur papier de Hollande.
« à 2 exemplaire sur papier de couleur.

N°

# VENTE DE LA VILLE DE MOUSTIERS (BASSES-ALPES)

## au roi Robert, Comte de Provence

### 27 MARS 1313

---

Le document que nous publions aujourd'hui — en partie — est non-seulement inédit, mais encore entièrement inconnu.

Pas un seul mot de cette vente dans Bartel (1), Moréri (2), Expilly (3), Achard (4) et Féraud (5). L'historien de Moustiers lui-même, le bon J. Solomé, l'ignorait si bien qu'il n'a pas craint d'avancer que la famille de Moustiers s'éteignit en 1304 (6). Or, notre acte est de 1313, et l'on y voit figurer deux membres de cette famille — père et fils — ce qui ne semble pas indiquer une extinction prochaine.

C'est d'autant plus étonnant que le document, certes, en vaut la peine — au moins par sa taille — et ne saurait échapper à la recherche la plus superficielle, car c'est sans contredit le géant des parchemins. Il est composé de 65 peaux cousues ensemble. Il ne mesure pas

(1) Historica et chronologica præsulum S. Regiensis ecclesiæ nomenclatura, Aix, 1636, 8° p. 58. — (2) Le grand dict historiq. f° 1740, 18° édition, VI. p. 489. éd. de 1759, VII, 847. — (3) Dict. des Gaules : Amsterdam, 1766, f°, IV, 934, — (4) Géographie de la Provence, 4°, II, 162. — (5) Géographie historiq. et biograph. du dépt des B.-Alpes. Digne, 1849, in-12, p. 115. — Histoire, géographie et statist. du dépt des B.-Alpes. Digne, 1861, 8°. p. 286 sq. — (6) Mémoire historique sur la ville de Moustiers, 1re partie, p. 12. Ce travail est divisé en deux parties.

La première a paru dans l'*Annuaire des Basses-Alpes* en 1842 et a été tirée à part C'est une petite plaquette in-12 de 55 pages. La seconde éditée chez Repos, à Digne, en 1849, forme avec les appendices une brochure fort rare, de 79 pages. Nous en devons la publication au zèle de M l'abbé Féraud que nous sommes heureux de pouvoir féliciter ici de tous ses travaux sur son département. Quoiqu'ils ne soient point parfaits, on peut cependant les proposer comme un modèle à beaucoup de ses confrères qui préfèrent les blâmer que les imiter.

M. l'abbé Féraud a encore reproduit et refondu ce travail dans la dernière édition 8° de sa *Géographie* et plus au long dans *l'Histoire de N. D. de Moustiers*, publié en 1866 dans le *Rosier de Marie*.

Cf. Archives de Vaucluse, fonds de l'archevêché, cartulaire t. II, charte n° 9 : Reconnaissance de Gaucelm de Moustiers à l'évêque d'Avignon pour ce qu'il possède à S.-Geniès de Comolas (Gard).

moins de 37m 60 de hauteur, quelque chose comme deux fois la taille du clocher de l'église de Moustiers. Sa largeur totale est de 0, 46c dont 0,06 pris par les marges. Les lignes, d'une écriture menue et très-lisible, sont régulièrement espacées à un centimètre environ de distance. Il y en a 107 au mètre, ce qui nous donne en chiffre rond 4,000 lignes pour toute la surface du parchemin. Mises bout à bout, elles font à peu près un kilomètre et demi d'écriture : la circonférence du Moustiers actuel. Pauvre scribe qui a noirci tout ce parchemin !

Par cet acte, Guillaume et Bertrand de Moustiers, son fils, cèdent la 8e partie de la seigneurie de cette ville et tous les droits y attachés au roi Robert, Comte de Provence (1309-1343), fils de Charles le Boiteux et aïeul de la reine Jeanne qui lui succéda. On y énumère longuement les formalités préliminaires, les procurations, etc. Puis vient un état des revenus transmis au roi par cette vente et enfin une interminable série de reconnaissances partielles faites par chacun des tenanciers — nobles ou vilains — des vendeurs.

Cette charte fournirait aisément à l'histoire locale le recensement presque complet des habitants de la ville, la condition des personnes, l'état des lieux, la forme des noms de quartiers à cette époque. Nous aimons à croire qu'un sujet si intéressant tentera tôt ou tard quelque historien du vieux Moustiers, et nous lui signalons ce parchemin coté B. 444 aux archives départementales des Bouches-du-Rhône.

En attendant, nous allons en donner un spécimen à nos lecteurs, en leur offrant le texte du commencement et de la fin et un court résumé du contenu intermédiaire.

In nomine Dni Amen. Anno Incartionis ejusdem millesimo trecentesimo tercio decimo die vicesimo septimo mensis marcii undecime indictionis Notum sit cunctis presentibus et futuris quod cum Bertrandus de Mosteriis domicellus filius dni Guillelmi de Mosteriis militis exposuisset venalem nomine et pro parte (1)

(1) Pour abréger nous ne donnerons désormais que les initiales de mots qui reviennent trop souvent; de M., d., pred., suprad., D. N., id., m., R., r., n. q. s., ou q. s. n., P., G., B., noie, P. et F., pref. = de Mosteriis, dictus, predictus, supradictus, Dominus noster, idem, miles, Rex, regius, nomine quo supra, ou quo supra nomine, Petrus, Guillelmus, Bertrandus, nomine, Provincie et Forcalquerii, prefatus.

Dni G. patris sui illam partem quam id. dnus habet vel habere visus est in castro et territorio de Mosteriis, Regensis dyocesis, videlicet dnis Petro Audeberti m. de Aquis Thesaurario r. dno Petro de Herbesio m. r. Procuratori et advocato et Magistro Galterio de Silvis r. Rationali in Comitatibus P. et F. noie Serenissimi Principis D. R. Roberti Jerusalem et Sicilie et Comitatuum pred. ac Pedimontis Comitis qui licet d. Bdus quoddam instrumentum publicum procurationis d. dni G. prescriptis dnis officialibus ostenderet, quia tamen ipsum procuratorium jamdiu est factum, erat et poterat esse revocatum et volentes certificari de voluntate d. dni requisivissent ut asserunt eund. Bum. quod novum procuratorium d. dni G. speciale ad hoc noviter afferret, quod et fecit id. Bdus d. que dni Thesaurarius, Procurator et Rationalis volentes mature et consulte super emptionem hujusmodi celebrandam procedere consuluissent nobilem virum dnm Nicolaum de Joha Maiorem Judicem et vicesgerentem dni Senescalli Comitatuum pred. ut scriberet suam super hoc voluntatem utrum vellet ipsam emptionem fieri pro parte r. curie et super hoc ipse dns Major Judex et vicegerens suum declarans consensum cum jam sibi fuisset expositum per d. dnos Thesaurarium, Procuratorem et Rationalem quod illa pars d. dni G. que est scilicet octava d. Castri haberi poterat pro quingentis quinquaginta lbr Reforciatorum provincialium literas suas magno sigillo Senescallie et proprio ejusd. dni Majoris Judicis per eund. Bdum. destinasset quas id. B. una cum instrumento procurationis, sue nove d. dnis Thesaurario, Procuratori et Rationali exhibuit quarum literarum tenor noscitur esse ut infra : Nicolaus de Joha juriscivilis professor, Maior et primarum appellationum Judex et vices gerens Senescalli Comitatuum P. et F. nobilibus viris amicis suis carissimis Dno P. de Herbesio Procuratori et advocato Curie, Dno P. Audeberti Thesaurario, m., et Magistro Galterio de Silvis Rationali Comitatuum pred. salutem et sincere dilectionis affectum. Quia constat nobis ex veridica relatione multorum quod emptiones diverse Curie utiles facte sunt quandoque per officiales r. Comitatuum eorumd. de terris et bonis aliis absque consciencia et mandato D. N. Regis, intelleximusque per assertionem vestram quod emptio partis quam habet dns G. de M. in castro ipso de Mosteriis quam ordinastis facere et de illius precio convenistis est quamplurimum Curie fructuosa volumus et mandamus ut emptionem ipsam prosequimini et perficere procuretis vosque Thesaurarie de fiscali pecunia existente vel futura per manus vestras precium emptionis pred. venditori memorato solvatis et recepiatis ydoneam apodixam. Datum Avinion. per nos Nicolaum de Joha Maiorem Judicem supradictum die vicesimo tercio marcii undecime Indictionis-Ad(j)icimus insuper in mandatis quod si vos omnes ad perficiendum emptionem ipsam vacare forsitan non possetis unus vel duo vestrum emptionem perficiat auctoritate presentium antedictam. Datum ut supra.

Tenor eciam d. procurationis inferius est insertus.

Predicti dni Thesaurarius, Procurator et Rationalis tam auctoritate literarum pred. dni Maioris Judicis et vices Senescalli gerentis etiam alio meliori jure quo melius potuerint quilibet eorumd. ad emptionem ipsam perficiendam et recipiendam nomine r. curie processerunt in modum infrascriptum videlicet quod d. Bdus de M. domicellus, procurator et procuratorio nomine d. dni G. de M. patris sui ut de ejus procuratione constat per quoddam publicum instrumentum scriptum manu Raymundi, Genevesii notarii publici sciens et prudens sponte et gratuita voluntate non coactus nec deceptus ac in aliquo circumventus vel seductus ymo proprio motu d. dni G. ut asseruit eo jure meliori quo melius potuit vendidit et titulo vere et perfecte venditionis irrevocabilis cessit et concessit per se et d. dnum G. ejus patrem, cujus est procurator heredes et successores eorum per imperpetuum dnis P. Audeberti m. r. Thesaurario P. de Herbesio m. r. Procuratori et advocato et Magistro Galterio de Silvis r. Rationali in Comitatibus suprad. presentibus ementibus et recepientibus noie Serenissimi principis D. N. R. Roberti Jerusalem et Sicilie Comitisque Comitatuum P. et F. et Pedimontis pro se heredibus et successoribus suis seu noie ejus Curie in Provincia totum affare et universum jus quod id. dns G. habet et habere debet vel habere visus est in castro et territorio de M. quod cumque illud sit aut in quibuscumque rebus et juribus consistat et quibuscumque nominibus nuncupetur cum juribus et pertinenciis universis et singulis d. affaris quod quidem affare seu jus dixit id. Bdus noie proprio et q. s. esse octava pars Dominii et juridictionis castri de Mosteriis et ejus territorii pertinens ad dnum in Bannis, Lesdis, Cociis, Pedagiis, Condempnationibus et Latis, Trezenis, Pascuis, Patuis, Venationibus, Tractibus ferarum et aliis infra scriptis et quidquid plus habet vel habere visus est id. dns G. in d. castro et ejus territorio precio videlicet quingentorum quinquaginta lbr. reforciatorum provincialium de quo quidem precio fuit id. B. confessus habuisse et recepisse a d. dno Thesaurario d reforciatorum provincialium lbr viginti nomine arre et pague precii suprad. venuidit, inquam, d. Bdus n. q. s. et ut supra pred. Dnis et cuilibet ipsorum presentibus ementibus n. q. s. ad habendum, tenendum, possidendum d. octavam partem d. Dominii et res pred. et infrascriptas cum juribus et pertinenciis suis et cujuslibet ipsorum et quicquid d. dno R. placuerit de eis vel aliqua ipsarum faciendum dans concedens d. Bdus n. q. s. pred. dnis et cuilibet ipsorum recipientibus ut supra plenam et liberam potestatem et auctoritate accipiendi et accipiendi res et jura pred. et prescripta, supra scripta et infrascripta et possessionem ipsarum et ipsorum et cujuslibet eorund. alicujus persone licentia minime requisita faciens et constituens ex nunc d. Bdus q. s. n. d. Dnum G. possidere noie p. dni R. et ejus Curie et quasi donet d. D. N. Rex aut ejus Curia per se aut ipsius officiales possessionem adeptus fuerit et quasi corporalem et incorporalem constituens eciam d. Bdus q. s. n. d. D. N. Regem ex nunc verum dominum et procuratorem ut in rem suam in pred. juribus suprad. et infracriptis venditis quolibet ipsorum ita quod pro eis et quolibet ipsorum possit ex nunc in antea agere experiri et deffendere pro rebus et juribus predictis et infrascriptis venditis et quolibet ipsorum ita quod pro eis et quolibet ipsorum dns G. ante presentem venditionem facere potuisset cedens et mandans d. Bus q. s. n. ex causa pred. omnes actiones et singulas reales et personales directas et utiles civiles et pretorias et alias quascumque d. dno G. competentes vel competituras pro rebus pred. et infrascriptis venditis et qualibet ipsarum contra quascumque personas ecclesiasticas vel seculares collegium vel universitatum promitens d. Bdus q. s. n. d. octavam partem cum juribus et pertinenciis suis et res et jura predicta et predictas et suprascripta et infrascripta habere licere D. N. Regem et ejus Curiam et ea salvare gardare et deffendere ab omni homine et persona in judicio et extra judicium suis propriis sumptibus et expensis et si contigeret d. D. N. Regem vel ejus Curiam molestari vel inquietari ocasione d. rerum venditarum vel cujuslibet ipsarum et ob hoc expensas vel gravamina seu interesse aliquod sustinere omnia illa dampna, expensas et interesse promisit id. Bdus q. s. n. pref. dnis et cuilibet ipsorum noie et vice q. s. restituere et integre ressarcire et hoc si evincerentur pred. res vel aliqua ipsarum sive non evincerentur omni necessitate denunciandi remissa per d. Bdum n. q. s. pred. Dnis recipientibus ut s. n. et cuilibet ipsorum et de om(n)ibus credere d. dni R. simplici verbo vel procuratoris ejus in Comitatibus suprad. quicumque esset r. procurator et si res pred. et infrascripte plus valent ad presens ut valerent in futurum precio suprad. totum illud plus donavit d. Bdus n. q. s. d. D. N. Regi ita et ea mente quod ex nunc suum fit et fiat ex causa pure et irrevocabilis donationis que dicitur *inter vivos* et omnia universa et singula suprad. promisit id. Bdus n. q. s Dnis Thesaurario, Procuratori et Rationali et cuilibet ipsorum presentibus et sollempniter stipulantibus nomine et vice D. N. Regis et ejus Curie ac michi notario infrascripto presenti stipulanti et recipienti vice et noie d. D. N. Regis et ejus Curie vendere et complere et inviolabiliter observare et nunquam contra predicta vel aliqua de predictis facere vel venire de jure vel de sacro per se vel per aliam personam interpositam renuncians juri dicenti quod *si venditor deceptus fuerit ultra dimidiam justi precii quod venditio recindatur vel justum precium suppleatur* et omni juri canonico et civili, rescripto et privilegio impetrato vel impetrando per quod vel que contra predicta vel aliquod de predictis posset facere vel venire et pro predictis omnibus et singulis firmiter atendendis et complendis obligavit Bertrandus noie proprio et q. s. omnia bona d. dni G. et ejus propria, presencia videlicet et futura pred. dnis et cuilibet ipsorum recipientibus ut supra promisit nihilominus d. Bdus. d. dnis recipientibus ut supra sub obligatione omnium bonorum suorum et d. Dni G. se f..cturum et curaturum et facere et procurare quod d. dnus G. (1) presentem vendicionem approbabit et confirmabit et ratificabit quandocumque per Curiam fuerit requisitus et ita atendere et complere et nunquam contra facere vel venire de jure vel de facto juravit dnus Bdus tam in animam ipsius quam in animam d. dni G. ad sancta Dei evangelia corporaliter manu tacta et versa vice pred. dni q. s. n. promiserunt d. Bdo recipienti n. q. s. solvere residuum precii memorati habita recognitione et informatione pro parte d. Curie de hiis que dixit d. Bdus ipsum dnum G. habere in castro et territorio antedictis que obtulerat nunc et vendebat. Bona vero et jura que d. Bdus. dixit d. Dnum habere in d castro et territorio de Mosteriis et que vendidit n. q. s. d. D. N. Regi et ejus Curie aut pref. Dnis recipientibus noie ipsius pro se de evictione obligavit et d. dnum G. ut supra et bona ipsorum sunt hec : videlicet quod d. Bdus dixit d. dnum G. habere in d. castro de Mosteriis et ejus territorio ea que in quodam quaterno per eum Curie assignato particulariter et distincte continetur cujus tenor talis est : HEC SUNT jura et rationes redditus et proventus que quas et quos nobilis vir dns Guillelmus de Mosteriis dns in parte dicti loci habet et percipit et habere seu percipere consuevit in villa de Mosteriis et ejus territorio : ɑ primo et principaliter habet et percipit et percipere et habere ac percipere consuevit nobilis antedictus in villa de Mosteriis et toto ejus territorio octavam meri et mixti imperii et tocius jurisdictionis et omnium et singulorum que ad merum et mixtum imperium et jurisdictionem omnimodam pertinent et spectant. Item habet octavam partem con-

(1) Ici finit la première peau; elle contient 59 lignes. La suivante en contient 59, la troisième 60, la quatrième et la cinquième 68, la sixième 61, etc.

dempnationum et latarum omnium que in Curia de Mosteriis promulgantur. Item habet... octavam partem lesdarum, pedagiorum, pectorum boum, numbulorum porcorum, bancagiorum brase et fornagie clibanorum et aliorum reddituum et proventuum qui in villa de M. annis singulis colliguuntur. Item habet... octavam partem in cellagia caseorum qui sunt in quolibet anno duodecim vel decem casei vel circa. Item, habet... octavam partem bannorum cride et inquantus loci predicti. Item habet idem nobilis et nobilis domicellus quondam G. de Antravenis regimen Curie de Mosteriis quarto anno, videlicet quod Curia regia per tres annos et inter dictos nobiles habent dictum regimen quarto anno. ꝗ De quibus omnibus supradictus Clavarius de Mosteriis reddit sive ponit... eidem nobili vel ejus baiulo computum annis singulis et debitam rationem. Item, habet... octavam partem cyrogrillorum tempore quo venantur Item... octavam partem in patuis omnibus ville de Mosteriis, et ejus territorii et de taschis ab ipsis exeuntibus percipit octavam partem. . Item... servicia infrascripta bladi vini vel racemorum et denariorum que eidem nobili per homines infrascriptos annis singulis exolvuntur pro possessionibus inferius designatis particulariter et distincte, in quibus possessionibus habet idem nobilis dominium et segnhoriam et ex eis dum venduntur percipit laudumia et trezena.

Hec sunt servicia denariorum et possessionum pro quibus serviunt servicia antedicta. ꝗ Elziarius Rebuffati pro quadam terra sita in Plano juxta terram Isnardi Tuffeti et juxta iter, in qua sunt quinque sestayrate et pro assensoymento in festo Omnium Sanctorum octo den.....

Suit une longue énumération de ces droits, d'une rédaction uniforme, au nom et au chiffre près.

Ce sont d'abord les redevances en argent, dont nous donnons le commencement (**peaux 2-7**) ; puis les redevances en blé, *servicia bladi*, puis celles des raisins, *servicia vini et racemorum* (**peau 8**) — Ensuite la teneur de la procuration de G. de Moustiers, Seigneur de Ventavon pour son fils Bertrand et Ripert Heme, de Ventavon, en date du 2 mars 1313 — La mention de ce pays semblerait indiquer l'émigration de la famille de Moustiers dans le Dauphiné.

L'acte se termine par ces mots :

Actum Balme, ante Sistarico, in domo Bertrandi Jacobi notarii : testes fuerunt Fradellus Alberti, de monasterio Alamonis, (1) Gauterii de Antravenis, P. Chavalerii de Sistarico et ego Raymundus Genevesii notarius.

(**Peau 9**) Le notaire Horonat reprend la parole : la vente a été ratifiée le 25 mars à Aix, par la Cour des Comptes : *in Regia camera nova computorum civitatis aquen.*; témoins: Raymond Gaucelm de Tarascon, Viguier d'Aix ; Jacq. Bremond, juge ; Mᵉ André d'Amalfi ; Mᵉ P. *de Lemovicinio*... Il se rend alors à Moustiers, dans la maison du Florentin Nelli Riqui, assité du clavaire Mᵉ Jean Ylaire, et, le 2 avril, fait publier par Etienne Malirat, crieur public, que tout tenancier ait à venir, le lendemain, faire déclaration des

(1) C'était un monastère situé dans l'ancien diocèse de Gap et sur lequel l'histoire est à peu près muette.

biens par lui possédés, francs ou serviles, sous la directe de la famille de Moustiers.

3 avril : les déclarations commencent. Nous nous contenterons de donner les noms des déclarants. La nomenclature sera un peu sèche, mais on aura ainsi un résumé fidèle du document. Les plus modestes occupent 5 lignes. Plus le déclarant est riche, plus sa déposition est volumineuse. Grâce à ces noms, il sera facile de remonter aux origines de plus d'une famille de Moustiers, des environs et peut-être de la Provence. On y verra aussi sept à huit prêtres, un chirurgien, un médecin, cinq à six notaires, des *donzels*, un clavaire, etc.

Voici les noms des déclarants selon l'ordre dans lequel ils se présentent : A. Felici— A. Cotier— A. Malirat— P. Briaugna— J. Pellegrin—**(peau 10)** R. Tortoro—M. de Gènes et Jacoba Genevesia— M. Bellaroti ; —Le même pour son cousin Momet Mercier— V. Fabre— R. Vincens— **( peau 11 )** (1) — Flandina Massota— G. Tabarle et Alasacia Tabarlleria sa mère et tutrice— Béatrix Levegnessa— J. Malet— Isnard ou Bertrand Levegni— Jacobus Domini Fulconis de S. Georgio et R. Fabre— B. Creyssard — A. Prat Gilat — E. Rebuffat—R. Rebuffat— G. Pachier— P. Nicolay — P. Tabarleria— J. Vincens— P. Scrignherii— J. Dalphin—R. Richard— G. Ricolsii fils de R. Ricolsii— G. Antiq fils de feu Audric Gahayne— P. Audric— R. et J. héritiers de Jauffre Richard— H. Garnier : ce déposant était fort riche — G. Perussy— H. Burban— F. Bertrand— A. Bonnet— A. Bertrand pour son frère R.— J. André— A. Guisenna— J. Gaffaron et M. Belsier— B. Chaoni— B. Archinier— H. Archinier— Raymunda Bayonnessa— G. Bertrand— M. Balba—J. Albin—Monna Lochesta, femme de G. Lochoni — R. Malirat—J. Archinier— V. Archinier— Bertranda Archinier— R. Laya— H. Guersii— B. Romani— J. Tapolli— G. Teissier— P. Romani— P. Chaoni — B. Montagnaqui— A. Cogni— P. Guillocii— A. Levegni— Marcellina — R. Textor— G. Ricolsii, maçon, *murator* ; il parait être fort à l'aise— H. Daurell—B. Martina— B. Arnaud—J. Rapard— Simon Surla— P. Taffet— D. Meynier— P. Matoyn— P. Bos— J. Grimaud, reconnaît devoir une obole à la Noël pour un escalier de dix marches dans la rue des Archiniers. — R. Bompar— M. Barthélémy— G. Escoffier— Monnet Costeng, Donzel— Pons de Gap— Alasacia Romole— Andrieus Tufleti—***— G. Archineria— B. Boletini — J. Cabrier — Ferandus Ferandorum — J. Dalfini—R. Achard—J. Rebuffat— M. Solca— P. Layet— J. Damel— Damellus Damelli — R. Copin — Alasacia ou Alayeta Forneria— P. Dauphin— G<sup>s</sup>, femme de R. Teissier et Beatrix, femme de J. Gombert — G. Fabre — Douce Malirasa — P. Felix — H. Boutoux — P. Gili de S. Georges — B. et J. Guillocii — R. Bellinoni — J. Surle— Huga Thomasia, femme de André Thomas — B. Martina— P. Mouthon— Relha Richard — Dan Mezalla— P. Félix—Jean Copin, prêtre et R. son frère—Marquis Bellarosi— J. Trigancia— Huga, femme de Thomas— S. Surla— B. Nicolay—P. Trigancia et son père Isnardet—J. Richard—G. Chay.

Ici finit la séance du 2 avril—Elle reprend le 6 par les déclarations des tenanciers suivants, après criée publique du crieur Etienne Malirat.

(1) Désormais, nous nous nous dispenserons d'indiquer la cote de la peau

E. Rebuffat— G. Barles — G$^{a}$ et Thomasia, héritières de feu Mathilde Arnaudessse — G$^{a}$ héritière de J. Malirat — G. Veau, *Vituli*, riche propriétaire — B. Costenc, notaire, fort riche— R. Costenc, aussi riche que le précédent— R. Baude — J. Dalfin, B. Baudessa et A. Roustan— A. Bertrand— S. Mouthon— R. Fabre— D. Columba—Alayeta Dalfina—P. Fabre— I. Barreria— R. Dalfin—P. Chavalier—R. Balbi—B. Fournier—G. Raymond— J. Barrerias— G. Barles— Torchet Guersi— R. de S. Michel— P. et Serrier, héritiers de T. Bertrand—R. Pelanguin—J. Hospitalier— H. Burban— Douzane Escoffière— A. Costenc— B. Costenc— R. Bolleia— Katarinus Barrerias— Monna Levegnhessa— R. Verdelloni— R. Richard— Tiburge Pachière—B. Boleguessa, femme de Masson— G. et H. Fournier— R. Bos et J. Buscaillière— M. Levegni— R Dalfis— G. Lautardessa et J. Cullayrerii — Raymonde, femme d'I. Ricolci— J. fils de P. Guilloche—H. Jacme et Joannet— Fleur, femme d'I. Rapard— G. Taxil. Donzel — P. et R. Fornier, frères et Bos Costa, *eorum sororius* — G$^{a}$ Perucia— G. Petigon— G. et A. héritiers de J. Ricoux — J. Guilloux—Monnet Guilloche—A Balbi— P. Textor et Domeniot — L. Albrand — I. Robert — Jacoba Rassagnhana— E. de Janua —B. Levegnessa, veuve de V. Martin, pour ses fils Peyret et Raymonet— P. Guillocii— Monnet G. son fils— P. Fabre — I. Vincenceus, *cirurgicus*, pour G. Boet, prêtre—B. Daurell—R. Jullian — B. Francho — G. Feraud — A. Garneria — E. Ricolcii — G. Ricolci— R. Pons, prêtre— G. Scrignier— Francho, notaire —Guillelma, mère de Jacoba, femme de J. Textor— R. Genevessa-Béatrix, pour son frère B. Creyssard— Béatrix, femme de B. Creyssard— G$^{a}$ Maleta— J. Malet— G. Robert— G. et P. Raoux— R$^{a}$ Martina, veuve de R. Martin et Huga, femme de P. Martin—P. Belcerii— G$^{a}$ veuve de R. Belcier— G Constanci, tuteur de Guillet, fils d'H. Barrayressa— R. Dauphin— A. Barthelemy— J. Baude— G$^{a}$ Levegnessa— G. Rapolli— H. Scrignier— J. Daurell—B. Bousquet et G. son frère, d'Aiguines *de Aquinea*— A. Malirat de Moustiers, notaire et B. son frère— R$^{a}$ Pacina—A. Latili Junior— Boniface de Demandols, donzel, héritier de R. Peillarot— Resplandina, veuve de P. Monnet dit Mezilhoun— Taxil Constanci— P. Fournier— J. Fulçonis, dit Croset, et Rixende sa femme— J. Fournier— G. Monnet et P. Scoffier père—P. Costenc donzel— I. Bosquet et R. Guigues, sa femme, riches bourgeois— M. Guilloux— R. Gyamand, diacre, procureur de J. Bontoux, pour lors en Piémont, au service du roi— Durande, femme de R. Scoffier— P. Tabatière, notaire— P. Tapolli— M$^{e}$ J. Antboine, *phisicus*, fortune médiocre — Alayeta, femme de R. Rebuffat Junior— S. Muthon— B. Grimauda— I. Fulcon pour son fils Guillaumet Melli, fils de Rixende sa femme, veuve d'A. Melli — G$^{a}$ Collaressa — J. Cogordan — A. Audemar, Donzel — M$^{e}$ A. Malirat, notaire, — R. Archinier — A. Guillocia, veuve de Pierre G. pour ses fils E. et Monnet — P. Audoard, notaire, — Salvaing, fils de G. Latili et ses frères R. et Monnet — P. Audoard — J. Rapolli, par H. Richard, son procureur — Lautard — G. Guilloux —H. Guillocii — Salvaing de Latil (*Salvagnus Latili*), Donzel et son frère R.— R. Ferrier et A. son frère; B Creyssardessa et J. son frère — I. Momier — J. Chaou et F. Bot — I. Tapian — J. Danit — A. Costenc, riche Donzel — T. Tapolli — Nelli Riqui, de Florence — G. Guilloux dit Artiga — Le juif Aquinet; il prête serment sur la loi de Moyse et déclare beaucoup de terres, dont quelques-unes franches — G. Cellarier — T. Guersi — Astringa, veuve de H. Chambre — J. Dupuy — B. Tuffet.

Ici finit la séance du 6 avril.

A la réquisition du notaire Me H. Horonat, le 11 avril, nouvelles préconisations faites sur l'ordre du Baile et juge de Moustiers, Poncius Ricavi, *ad sonum tube et per loca consueta*, par le crieur public J. Scagne dit *Gay del ps* (*gai du pied*) : Que chacun ait à venir déclarer ses biens francs ou serviles jadis sous la directe de G. de Moustiers dans la maison de Nelli Riqui, sous peine de 25 livres d'amende et amission desdits biens.

Alors arrivent les retardataires. Ce sont :

B. Latil, Donzel — B. Micholay — P. Bonacia, Donzel, fort riche — B. et P. Rebuffat fils de R.— R. Bontoux pour ses pupilles, fils de G. Rapally— B. Latil — P. de Crota, Donzel, fils de Raimbaud, déclare une redevance au Seigneur d'Aiguines (*Dni Castri de Aquinea*), pour un paroir, moulin et pré — R. Bontoux — Noble Donzel R. d'Esparron, *Dni in parte castri predicti*, par I. Brigot, son procureur — H. Garcin— G. Bertrand et Sauvaire son frère — B. Julien — H. Bontoux, pour ses neveux Creyssard.

Reconnaissance de G. Huc de Saint-Georges, fils de Dame Guillaume et de B. Vesan de Saint-Georges, passée à Riez, *in domo Magistri Arnulphi, albergatoris*, le 12 avril.

Et enfin, reconnaissance de Jaufre de Bliaus, Donzel par P. de Crota, son procureur qui comparaît, le 25 avril. à Aix, *in carreria Beate Marie Magdalene, ante hostium domus Johannis, muratum lapidibus et terra.*

C'est la dernière des 282 reconnaissances qui remplissent 54 peaux. L'acte se termine ainsi :

Post premissa vero omnia et singula, anno q.s die vecesimo sexto dicti mensis aprilis Undecime indictionis cumque tempore prescrite venditionis facte per d. Bdum de M.n.q.s.pref. dnis P. Audeberti de Aquis, m.r. Thesaurario, P. de Herbesio m.r. Procuratori et advocato et Magistro Galberto de Silvis Rationali in Comitatibus P. et F. supradictis noie et pro parte Curie Regis peripsos Dnos emptores n. q. s. eid. Bdo q. s. n. ratione arre et pague de lbr viginti Reforciatorum, prout supra plene constat, satisfactum extitisse de precio ipsius venditionis deinde que de voluntate d. Bdi per ipsos dnos officiales et per ipsum Bdum conventum et retentum fuisse quod habita recognitione et informatione pro parte d. Curie de hiis que dixit d. Bdus d. dnum G. habere ni castro et territorio anted. que tunc obtulerat et vendebat quod d. dni officiales emptores n. q. s., solverent eid. Bdo n. q. s. residuum precii venditionis prescripte. Nunc vero habita certitudine per Curiam et informatione decenti de hiis que d. Bdus dicebat ipsum dnum G. habere in castro et territorio d. M. que id. Bdus q. s. n. tunc obtulerat et vendebat fuit eid. Bdo n. q. s. satisfactum de residuo d. precii ut patet per ejus confessionem et aquithationem ejusd. infrascript. videlicet confessus fuit siquidem d. Bdus n. q. s. predict. venditionem approbando sponte absque omni dolo et fraude revera pref. dno P. Audeberti r. Thesaurario suprad. presenti stipulanti et recipienti noie D. N. Regis recepisse et habuisse reali numeratione et continua in parvis Reforciatis de Provincia lbras quingentas triginta que restabant sibi ad solvendum de precio suprad. sicque computatis d. lbris viginti pred Reforciatorum primo solutis cum hiis lbr quingentis triginta sibi q. s. n. nunc solutis fuit eid. Bdo n. q. s. prout hec firmiter asseruit liquide et integre de toto d. precio satisfactum et integre persolutum. Renunciat Bdus n. q. s. scienter et expresse in predictis exceptioni dictarum lbr quingentarum quinquaginta d. monete sibi non numeratarum ac per eum non receptarum et non habitarum nec non et exceptioni doli metus causa vel aliter et errore calculi et in saccum et conditioni indebiti sive causa justa vel ex injusta faciens inde d. Bdus n. q. s. eid. Dno Thesaurario noie D. N. Regis et ejus Curie ac heredum et successorum suorum de predictis omnibus et singulis omnimodamque fariam, finem, remissionem, absolutionem, liberationem et quitii clamationem per pactum perpetuum sollempni stipulatione vallatum de non petendo aliquid et abinde in antea ratione pred. per Aquilianam stipulationem et acceptiliationem inde legitime subsecutam. Pred. autem confessionem, aquithiationem, liberationem, absolutionem ac omnia et singula suprad. predictus B. promisit n. q. s. per sollempnem stipulationem pref. d. Thesaurario noie D. N. Regis et d. ejus Curie ac heredum et successorum suorum ratam et firmam et rata et firma perpetuo habere tenere et nunquam per se vel quamvis alia persona contrafacere vel venire aliqua juris vel facti subtilitate ingenio vel machinatione sub ypotheca et obligatione omnium bonorum d. dni G. cujus et filius et procurator ac suorum presencium et futurorum et sub omni refectione expensarum, dampnorum, gravaminum, disturbiorum et interesse quas, que et quod d. D. N. Rex et ejus Curie heredes ac successores sui seu alius pro eisdem in Curie vel extra ligitando vel aliter quoquo modo incurrerent propterea vel subirent. Renunciat eciam in predictis dictus B. n. q. s. inductioni viginti dierum et quatuor mensium et ex pacto petitioni libelli hujus instrumenti noteque translato et juri dicenti quod *Confessio facta extra judicium non prejudicat confitenti* necnon et juri dicenti quod *exceptio non numerate pecunie infra biennium habet locum* et demum omni juri, rationi, exceptioni et defentioni ac statuto civili et legali vel municipali quibus contra predicta venire posset, vel aliquid de predictis infringere vel revocare et sic predicta omnia universa et singula sic peracta conventa promissa per eum ut supra et habita d. Bdus tam in anima d. dni G. de M. patris sui quam suam attendere et contra non facere vel venire prout supra super sancta Dei Evangelia manu sua propria corporaliter sponte et scienter tacta juravit — Actum Aquis in palacio Regio, ibidem videlicet prope cameram in qua moratur Lambelletus, d. Palacii porterius, in presencia et testimonio d. Nicolai de Johan, J. C. professoris, Majoris et primarum appellationum Judicis, Magistri Galterii de Silvis, Rationalis Comitatuum predict. P. et F., Symonis de Monopere, d. Palacii aquensis regii Castellani, Jacobi de Silvis et Saduti de Silvis ac Nelli Riqui de Florencia, habitatoris de Mosteriis et plurium aliorum testium ad hec specialiter vocatorum et eciam rogatorum :

*(Ici il y a un espace de 3 lignes laissées en blanc pour ajouter les noms annoncés, ce qui n'a jamais été fait ; puis le notaire reprend : )*

Et mei Hugonis Horonati in Supradictis Comitatibus P. et F. auctoritate r. notarii publici constituti qui rogatus et requisitus eo proprie quia in premissis omnibus presens fui hoc presens instrumentum publicum inde mea propria manu scripsi, Dei auxilio preheunte, et signo meo consueto signavi :

*(Signature rappelant par sa forme une marelle flanquée de deux pavillons )*

Marseille. — Typographie Marius Olive, rue Sainte, 39.

# NOTES

POUR SERVIR A

# L'HISTOIRE DE PROVENCE

PAR


V. LIEUTAUD

Bibliothécaire de la ville de Marseille
Membre de plusieurs Sociétés savantes


N° 4

## LOU ROUMAN D'ARLE

**Fragment de poème provençal inédit**


MARSEILLE
BOY FILS, M. LEBON
Libraires

AIX
MAKAIRE, LIBRAIRE
Rue Pont Moreau, 2

1873

## ONT DÉJA PARU :

N° 1. Elections municipales à Berre (B.-du-R.), 6 janvier 1396.

N° 2. Un Dîner officiel à Jonquières (Vaucluse), 17 février 1725.

N° 3. Vente de la ville de Moustiers (B.-Alpes), 27 mars 1313.

IL PARAIT DOUZE NUMÉROS PAR AN

(Tirés à très-petit nombre)

**Prix pour les souscripteurs : 10 Fr.**

PRIX DES NUMÉROS SÉPARÉS :

| | | |
|---|---|---|
| N° 2 | Fr. | 1 50 |
| N°s 1, 3 | » | 2 00 |
| N° 4 | » | 3 00 |

# LOU ROUMAN D'ARLE

## Fragment de poème provençal inédit

Avant la Révolution, Arles possédait une de ces coutumes originales, à la fois patriotique et religieuse, comme il y en avait tant alors, comme on aimerait tant à en rencontrer encore de nos jours.

Chaque année, le 25 avril, fête de saint Marc, au retour de la procession des Rogations, le cortége se rendait à la vieille église de la Major, paroisse de la Commune au Moyen-Age. Le prédicateur le plus distingué de la ville montait alors en chaire et devant un immense auditoire avide et heureux de sa parole, il faisait vibrer toutes les fibres patriotiques de ce peuple dans ce qu'on appelait le *Discours des Antiquités*.

C'était l'éloge de la ville considérée sous tous les rapports.

Il exaltait — en cette langue imagée dont Arles a seul le secret — les gloires religieuses et profanes de la cité, ses splendeurs antiques, reflet éblouissant de la grandeur romaine, ses luttes avec la gent païenne et sarrasine et les hauts faits de sa trop courte République. Il racontait la vie de ses apôtres, disciples immédiats du Sauveur, de ces saints illustres qui marquèrent si fortement leur empreinte sur le sol des Gaules et dont les noms immortels resplendissent sur ses dyptiques. Il déroulait la geste de ces races vaillantes dont la légende entoure le berceau, de ces héros bardés de fer qui délivrèrent la Crau de ses monstres, conquirent des royaumes et surent faire aimer son nom jusque dans les plus lointaines régions. Puis, il disait les vertus des générations passées, l'excellence des mœurs pastorales qui se développaient largement dans ces plaines à la fois stériles et fertiles, dans ce territoire grand comme un royaume d'alors. Quel plus noble sujet, peut-on dire avec le P. Fabre, que le panégyrique d'un peuple, et d'un peuple ancien et illustre, tel que celui de la Rome Gauloise ! sujet d'un genre unique et le plus sublime qu'on puisse traiter (1) ! Et l'auditoire, dont le cœur battait plus fort aux accents de sa parole, s'enflammait d'un amour plus vif pour la patrie et pour la vertu ; il comprenait mieux ces modèles qui avaient vécu de sa vie, respiré son atmosphère, habité ses murs, parlé sa langue. Il retournait ensuite à ses travaux plus fier d'être citoyen d'une telle ville, plus ardent à imiter l'exemple de ces illustres compatriotes que ressuscitait la parole de l'orateur.

Oh ! qui nous donnera de revoir encore ces institutions profondément populaires et moralisatrices ! Qui nous donnera d'entendre encore ces discours qui louaient et faisaient aimer ! Qui nous donnera de les voir succéder à ces tristes excitations quotidiennes d'un journalisme menteur, impudente tribune de quelques vulgaires ambitieux pour lesquels le peuple n'est qu'un marchepied stupide, et qui sèment avec une ardeur et une joie féroce, la haine, le mépris, l'ardente convoitise, les passions insatiables pour en récolter d'effrayantes tempêtes ! Qu'il serait plus noble, plus doux, plus consolant de nous convier à admirer la vertu, à

(1) Panégirique de la ville d'Arles, prononcé le 25 avril 1743, jour de Saint Marc, dans l'Eglise Collégiale de Nôtre-Dame-la-Major. Suivi de remarques historiques, pour prouver les faits avancés dans le discours, et pour servir à l'histoire de cette ville, par le P. Fabre de Tarascon, religieux Grand-Carme de la Province de Provence. — Arles, Mesnier, 1743, in-12 de XVI — 190 pages — p. 1. — Cf. Galle : *Discours pour la distribution des prix du collège d'Arles* (13 août 1863), — Arles, 8°, p. 7 et 8.

Pourquoi, au lieu de ces banalités et de ces lieux communs que l'on donne, depuis Horace et Juvénal, comme sujet de discours aux élèves des classes élevées dans tous nos établissements d'éducation, ne proposerait-on pas l'éloge de leur ville, de leur province à ces jeunes imaginations qui en seraient certainement séduites, et pour la première fois peut-être s'intéresseraient à leur sujet ? Il nous semble que ce serait un heureux moyen de leur faire aimer leur pays, de leur inspirer l'amour de la patrie et qu'il ne faudrait pas beaucoup d'explications pour qu'ils fussent aussi éloquents que dans n'importe quel *discours de Véturie à Coriolan*, *de Cinéas à Pyrrhus*, ou je ne sais quel autre *cliché* académique.

louer le mérite, à nous faire estimer et aimer mutuellement ! Qu'au moins il se rencontre bientôt un cœur de patriote, un cœur d'arlésien pour faire revivre cette touchante coutume : Orléans, n'oublie pas ainsi l'éloge de Jeanne d'Arc, sa libératrice ! Qu'Arles imite un tel exemple et, renouant enfin la tradition, se souvienne de lui-même. Ce sera un bon exemple que nos antiques cités provençales seront heureuses d'imiter (1).

L'origine de cet usage est une légende qui se rattache au berceau de deux Républiques : Arles et Venise. D'après la tradition, la Reine de l'Adriatique était en proie à la famine. Une flotille d'Arles, chargée de blé, la secourut et la sauva. En reconnaissance, la place d'honneur à côté du Doge fut réservée aux Arlésiens à la procession de saint Marc, et une précieuse relique, la machoire inférieure du patron de la République, fut donnée à la cité provençale qui, à partir de ce jour, inscrivit le S. Evangéliste au nombre de ses protecteurs (2).

S'il faut même en croire le P. de Julianis, c'est de cette époque que daterait sur les armes de la ville le fameux lion, emblême, comme l'on sait, de saint Marc. « La magnificence de ce don, dit le bon Dominicain, l'inuite de prendre le Lyon pour Arme, pour marque que si ce Saint a mérité d'être representé sous la figure de cet animal pour auoir parlé du triomphe du Sauveur resuscité ; Arles est victorieux sous ses enseignes, il se voit resuscité à vne nouuelle vie, par la faueur d'vn si glorieux Euangéliste. »

Chaque année, un discours rappelant ce glorieux fait

(1) La ville d'Avignon avait quelque chose d'analogue dans le panégyrique de saint Agricol, son patron. A cette occasion, l'orateur retraçait pareillement l'histoire de la cité des Papes. Qui ne connait le fameux *Panégyrique de saint Agricol*, par le P. Eusèbe Didier, et la polémique qui le suivit ? On sait que l'adversaire de l'ardent récollet était le docte marquis de Cambis-Velleron.

(2) Cf. Bouis : *La Royalle couronne des Roys d'Arles* — en Avignon, par Iaqves Bramereau, 1640, 4°, p. 37v. — Gilles du Port *Histoire de l'Eglise d'Arles.* — Paris, 1690, in-8°, p. 318. — P. Fabre : *Panégyrique*, p. 61. — Anibert : *Mémoires historiques et critiques sur l'ancienne république d'Arles* — Yverdon, 1781, in-12, 3° partie, p. 22. Trichaud : *Histoire de la Sainte Eglise d'Arles*, — Nîmes, 1857-1864, in-8°, t. III, p. 147. — Peut-être est-ce à ce fait que doit son origine la popularité de saint Marc dans toute la Provence, et l'on sait si elle est grande !

fut prononcé au retour de la procession des Rogations, discours qui peu à peu devint le panégyrique complet de la ville d'Arles.

Cette touchante coutume se maintint ensuite à travers les âges. Mais l'histoire est presque muette à son sujet. Toutefois nous avons pu découvrir quelques faits qui s'y rapportent et nous nous faisons un plaisir de les communiquer à nos lecteurs.

Les statuts de sécularisaticn du chapitre d'Arles mentionnent le sermon qui doit être prononcé à la procession des Rogations et l'obligation pour les consuls d'y assister en chaperon (1).

Franchissant ensuite l'espace de quelques siècles, nous retrouvons, en 1467, une mesure prise à l'égard de ce discours et rapportée par Lalauzière (2).

« Le conseil municipal de la ville d'Arles, dit-il, fixa une somme de trente livres, pour donner à l'Orateur qui prononceroit annuellement un discours historique, relatif à l'éloge de la ville d'Arles, le jour de la fête Saint Marc, 25 avril, dans l'église Notre-Dame la Major, en présence du Chapitre métropolitain, des quatre Corps religieux mendians, et des Consuls en chaperons, qui s'y rendraient processionnellement. »

Toutes nos recherches dans les archives pour découvrir cette résolution à travers les délibérations du conseil municipal et les comptes trésoraires de l'époque ont été infructueuses. Nous n'avons pu trouver aucune mention de ce fait dans les papiers contemporains. Nous aimons à espérer qu'un chercheur plus patient et moins pressé sera un jour plus heureux.

En 1612, nous rencontrons à la date du 1er mai, dans le registre des délibérations du Conseil municipal le passage suivant qui se rapporte pleinement au panégyrique de la ville :

« *A d'abondant esté represanté par lesd. Srs Consuls que chascun peult estre mémoratif de l'action que fist le jour de Sainct Marc dernier le Père Priuat à l'honneur de ceste*

(1) Cf. la note ms. de l'abbé Bonnemant, p. 61 de l'exemplaire du panégyrique du P. Fabre possédé par la bibliothèque d'Arles.

(2) De Noble Lalauzière : *Abrégé chronologique de l'histoire d'Arles.*— Arles, 4°, 1808, p. 294, *ad ann.* 1467, p. 294.

*ville et pour metre en lumyere ce qui se trouuoit envyielly des antiquitez d'icelle, ayant faict dessein de faire imprimir ceste action, pour le comun contantement. au voyaige qu'il va presantement faire en Avignon pour parascheuer ses estudes ; et d'aultant qu'il est enfant de la ville, et desnué de commodités, ils trouueroient fort honorable de luy uzer de quelque gratiffication, tant pour lad° imprimerie que pour la continuation de ses estudes, led. conseil, désirant de voir eslever un chascun à la vertu, et de n'user d'ingratitude envers ceulx quy font quelque chose à l'honneur de la ville a dellibéré et résolu que sera donnée la somme de soixantes liures aud. Père Privat, pour les raisons représantées par lesd. Sieurs Consuls* » (1).

Peu de temps après, en 1648, le R. P. Jean Baptiste de Julianis, de l'ordre des FF. Prêcheurs prononça son

(1) Registre des Conseils depuis le 23e de mars 1608 iusques au 25e mars 1615 — Conseil du premier de may, auant midy — f° 343, v°, et 344. r°, coté BB. 21. aux archives de la mairie d'Arles.

Ce même passage se trouve rapporté en l'an 1612 dans le ms. de Bonnemant possédé par la Bibliothèque de la ville d'Arles et intitulé : *Annales de la villes d'Arles depuis le* 25 *mars* 1600 *jusqu'à présent*, f° 26, r°.

Nous avons été assez heureux pour retrouver le reçu du P. Privat. Il est inséré dans les *Comptes trésoraires* de Pierre Spinaud, notaire, côté CC. 372 aux mêmes archives, f° 38, v° et y porte le n° 29. En voici la teneur :

« Quictance faitte par Frère Iehan Priuat, religieux du couuent des Cordeliers de ceste ville d'Arles.

L'an mil six cens douze et le cinquième may, pardeuant moy, notaire soubsigné et tesmoings après nommés personnellement estably frère Iehan Priuat religieux du couuent des Cordeliers de ceste ville d'Arles, lequel de son gré a confessé d'auoir reçu de Messire François de Chateauneuf, Sr de Mouleges, Louis de Viguier, escuyer, Iehan Spinaud et Iehan Bibion, bourgeois, consulz de lad. ville absentz, moy notaire estipulant pour eulx ung mandement qu'ilz luy ont ce jourdhuy espedie adressant à Pierre Spinaud bourgeois, trésorier des deniers commungz de lad. ville pour avoir de luy payement de la somme de soixante liures que par délibération du conseil de la maison comune de lad. ville tenu le premier du present mois de may a este arreste luy estre donne en recongnoissance de ce qu'il a faict pour lad. ville aulx jours de faiste de S.-Marc du dict mois dernier et de ce qu'il a escript des anticquictez de lad. ville duquel mandement led. Fe Priuat soy tient pour content et quicte lesd. Srs Consulz et tous autres qu'il appartiendra et ainsy le jure.

Faict audict Arle dans la bouticque de moy note present, Gaspard Demonde et Jacques Autray dudict Arles — led. Fe Priuat c'est soubsigne »

Voici le titre de cette rarissime brochure : *Discours panégyrique sur la ville d'Arles, fait et prononcé en l'église de Notre-Dame-Sainte-Marie-Maiour, le jour Saint-Marc, année* 1612, *par Fr. Jehan Privat...* Paris (?), veuve Bertault, 1612, 8°. — Cf. *Catalog. Bibl. imp.* VIII, 207, n° 426.

*discours à la louange d'Arles.* C'est le second qui nous ait été conservé par l'impression et les exemplaires en sont fort rares. Il forme une petite plaquette in-4° de 21 pages, imprimée *à Arles, chez François Mesnier, imprimeur et libraire de la ville d'Arles*, en M.DCXLVIII et dont voici le titre exact : *Panégyrique de la ville d'Arles, fait et prononcé dans l'église de la Maiour, la feste du glorieux évangeliste Saint-Marc, en présence de Messire Joseph d'Arlatan, Sieur de Beaumont: François Roy : Raymond Escoffier, consuls.*

Environ un siècle après, un nouveau panégyrique, prononcé par un autre Arlésien, fut livré à l'impression (1). L'abbé de Montfort, pour rendre sa patrie chère à son archevêque Jacques de Bellefond, dit qu'il *souhaiterait d'avoir l'eloquence de tout ceux qui l'ont précédé et qui le suivront dans cette ancienne cérémonie consacrée à son honneur le jour de S<sup>t</sup> Marc,* et déclare que son but, en publiant son œuvre, a été de montrer *qu'on peut, après tant d'éloquents éloges, le prononcer avec édification dans un lieu aussi saint et vénérable que l'église de N. D. de la Majour.*

L'année suivante ce fut le P. Fabre dont nous avons déjà parlé. L'épaisseur de son volume l'a sauvé de la perte et c'est le plus commun des trois panégyriques imprimés.

Il ne faudrait sans doute pas beaucoup de recherches pour dresser une liste suivie des panégyristes depuis l'époque où nous sommes arrivés jusqu'à la Révolution. Nous laissons ce soin aux érudits dont s'honore encore la ville d'Arles et nous espérons qu'ils ne nous la feront pas longtemps attendre.

Après la tourmente révolutionnaire, cette cérémonie se renouvella encore une fois. En 1816, l'abbé Lantelme prononça le discours d'usage. Ce fut le dernier.

(1) Panégyrique de la ville d'Arles, par M. l'abé de Montfort jadis prêtre séculier de la Doctrine Chrétienne, Autheur des sermons, octaves, panégyriques en 12 tomes. Dédié à M<sup>r</sup> l'Archevêque d'Arles. — A Avignon, chez Fran. Joseph Domerhue, impr. marchand libraire. 1743 — Avec permmission des Supérieurs, in-12 de 45 pages.

Ce discours n'est pas compris dans les œuvres de l'abbé de Montfort, qui furent imprimées à Avignon en 1720.

Nous ne savons par quelle fatalité ou par quelle négligence une aussi heureuse restauration n'a pas suivi son cours.

Pour réparer autant qu'il est en nous cet oubli, — que nous ne pouvons nous résoudre à croire définitif, —nous allons offrir à nos lecteurs, sinon le *Discours des Antiquités*, au moins quelque chose de semblable. C'est l'histoire légendaire de la vieille cité depuis Vespasien jusqu'à Charlemagne, écrite probablement en beaux vers provençaux, pendant la période la plus brillante de notre littérature à une époque peut-être rapprochée du secours qui en fut la cause et des premiers panégyriques prononcés en l'honneur de la ville.

Malheureusement il ne nous en reste qu'une copie du siècle dernier, dans le ms. de la Bibliothèque Méjanes, d'Aix, connu sous le nom de **Chaos d'Arles** (1) et quelle copie ! Exécutée par quelque ignare clerc de notaire, ne connaisant pas le provençal, l'écriture en est splendide, l'incorrection déplorable (2). C'est un espèce de grossier résumé d'un long poème qui devait contenir la fondation de cette ville, la Passion de Notre-Seigneur, la vengeance qu'en tire Titus pendant que Vespasien habite les bords du Rhône, la mort de Pilate, la prédication de l'Evangile par saint Trophime, toutes choses que le poète, sans trop s'effrayer de l'anachronisme, a l'air de regarder comme contemporaines. Puis vient Maugis, le sorcier bien connu de l'histoire poétique de

(1) T. I, 153-155, Cf. Mouan : *Catalogue raisonné des mss. concernant la ville d'Arles. déposés dans la Bibliothèque d'Aix, dite de Méjanes.* — Aix, Aubin, 1847, in-8°, p. 59, n° 809— et p. 62, n° 7.

(2) M. Mouan, *loc. cit.*, assure que le ms. est de la main de M. du Moulin. Si le fait est exact, il lui fait peu d'honneur.

Ces lignes étaient sous presse lorsque nous avons découvert à Arles deux autres copies du même *Rouman*. L'une se trouve dans le volume ms. conservé aux archives de cette ville, sous le titre de *Idiôme d'Arles*, par J. D. Véran, p. 213 et 59. L'autre est dans les mss. de Bonnemant, qu'il faut toujours citer quand on s'occupe de sa patrie.

Notons, en passant, que Véran a puisé son texte dans le docte abbé et que celui-ci le donne d'après une copie de Pierre ou plutôt Bertrand Boisset, qui parait remonter au XIV° siècle. Le *Rouman* se trouvait dans ce ms., qui semble aujourd'hui perdu, à la suite du poème de la *Translation des reliques de saint Trophime*, déjà plusieurs fois édité.

Charlemagne, qui bâtit jadis les arènes. L'empereur retourne ensuite à Rome accompagné des meilleurs d'Arles. Les Sarrasins en profitent pour s'emparer de la ville et n'en sont chassés qu'après moult combats du grand Charles.

Comme on s'en apercevra facilement, le scribe a abrégé plutôt en sautant à pieds joints des centaines de vers qu'en en exprimant la substance. Il est aisé de voir qu'il en a conservés beaucoup, plus ou moins estropiés, bien différent en cela de deux autres abréviateurs du même poème, ou plutôt d'un fragment du même poème récemment édités par M. P. Meyer dans la *Romania* d'après les mss. de Peiresc à Carpentras (1).

Ceux-ci se bornent à résumer la dernière partie de notre histoire, soit que la chanson d'Arles ait eu plusieurs branches, dont l'*expulsion des Sarrasins* ait été la plus goûtée, soit qu'ils n'aient trouvé de l'intérêt qu'à la fin du poème, soit enfin que leur abrégé ne nous soit pas parvenu tout entier (2).

Leur manière est aussi bien différente. Tandis que leur prose nous offre un résumé succint et fidèle, le copiste d'Aix conserve bien des traces de la rédaction antérieure. Son abrégé est pour ainsi dire tout transparent et laisse apercevoir dans beaucoup de passages presque intacts de nombreux vestiges du texte primitif.

Deux points bien certains en résultent : d'abord que, en général, le poème était en vers de douze syllabes ; ensuite qu'il était composé de strophes monorimes.

Quant à l'époque, certains indices qui apparaissent çà et là, nous font croire qu'il ne doit pas être postérieur au XIV$^{me}$ siècle ; qu'il est peut-être contemporain de la fameuse inscription de l'église Sainte Croix de Mont-Majour (3), et qu'il pourrait se rattacher à une rédaction plus ancienne.

L'auteur est probablement quelqu'un de ces troubadours provençaux auxquels le bon Jehan de Nostre-Dame attribue si complaisament une foule de poëmes que nous

(1) T. I. p. 63.

(2) Toutefois, cette hypothèse paraît moins vraisemblable que les deux autres, car les copies mss. paraissent être complètes.

(3) Voyez en le texte dans la *Romania*, I, 58, note.

retrouverons peut-être un jour l'un après l'autre, comme c'est déjà arrivé pour plus d'un poëte arlésien (1).

Quoiqu'il en soit, il ne sera pas sans intérêt de comparer entre eux les textes déjà donnés par la *Romania* et celui que nous éditons aujourd'hui, — étude que le manque d'espace ne nous permet pas de faire ici même— et nous croyons qu'au point de vue de l'histoire littéraire de la Provence et de la langue provençale l'existence d'un poème tel que le *Rouman d'Arle* est un fait précieux à constater.

Nous allons donner le texte tel que nous le fournit le ms. d'Aix, avec tout le luxe de fautes dont pouvait seul l'orner un vulgaire copiste du XVIIIe siècle, méprisant la langue de sa mère comme nous en voyons encore tant de nos jours. En regard, nous essayerons une restitution du texte primitif. Que les doctes nous la pardonnent!

(1) Cf. P Meyer : *Les derniers Troubadours de la Provence*, passim Qu'on nous permette. en passant d'ajouter deux notes à ce savant ouvrage — p. 58 : Le baron de Berre et le comte d'Avellino du troubadour B. Carbonnel, de Marseille, sont le même personnage, Bertrand de Baux : Berre était une *Terre Baussenque*. — Cf. Porte : *Statistique de la ville de Berre*, dans les *Mém. de la Soc. de Statistique de Marseille*, IX, 202 — p. 128. On peut rapprocher du Troubadour P. Trabustal *Madona Blancha Trabustola*, religieuse de S. Césaire d'Arles. en 1416. — Cf. Jacquemin : *Guide dans Arles*, 1835, 8°, p 435. — Voyez aussi dans ce dernier, p. 215, la curieuse note relative à Tersin. roi sarrasin d'Arles, tirée des *Memori per l'Histori de Provenza, per Antoni Rouchard*, 1495, qu'il signale comme existant dans la bibliothèque des Minimes d'Aix.

---

Une dernière réflexion — *ne spatium vacet* — au sujet de la coutume du panégyrique que l'on ne saurait trop louer.

C'est à ce discours, plein de saveur locale et de détails pour ainsi dire de famille, que doit probablement son origine le remarquable patriotisme de l'Arlésien et cette noble fierté avec laquelle il parle de son pays. *Nous autres, en Arles*, est la formule ordinaire par laquelle il l'exprime quand il cause avec un étranger de son antique cité, de ses monuments, de ses mœurs, de sa langue et de son gracieux costume.

De là, aussi, cette connaissance étonnante des faits les plus saillants de l'histoire d'Arles, possedée par chacun des habitants de son terroir, connaissance que l'on ne retrouverait peut-être nulle part à un égal degré et qui s'étale, bien de fois encore, au coin du foyer des nombreux *mas* de Camargue et de Crau pendant les longues soirées de l'hiver.

## Lo Rouman d'Arle (ms. p. 153).

Quant Vespesian e Tite ac conquista la terra dotre mar o de Jerusalem, Gentils ly gueregron la villa de Jherusalem et el va la lur donar e autregar : pueis s'entornet en Roma a la noble sieutat, e cant son paire lo vi, el li a demandat, digas mi filh : com aves tant estat han vostren las fals Jurieux contrastat, ni desvedat la terra que non lacias intrats ? Non, senhor, que ben les n'aven touts gardats que fondut es Jherusalem que reu non l'aven layssat que tengeson Jurieux que tot non sie cremat e da valat. E los jurieux tots morts : un non nes escapat foras aquels que son aguts XXX. per j. denier donats que los naura volguts neus lo aven donat, Dieu an vendut li tractos renegats XXX. deniers d'argen quez els mo an contat. Fils vous aves ben fag quar Dieus n'aves vengat. Hadons l'Emperador en son palais el fes venir tot les melhos de Roma, el va lur aqui dir, vels senhos, jeu vos ay mandat tots querre pos que mon fils es vengut, vole que anen vezer la terra de l'Empery, tots o deven voler senhos (1), si vos o voles ben n'aven bon plazer. Adonc foron las gens de Roma an l'Emperado Sesar. Cel fes sonar son fils e va li dir e comandar fils gardat ben la terra que jeu m'en vuel anar. Aras s'en va l'Emperador Sesar am trosta sa gent sen lur demandar. Anaren

(1) Les deux mss. d'Arles sont exactement semblables. Nous en négligerons les légères variantes, telles que points, virgules, lettres redoublées ou uniques v. g. : *Tera, Vespeyan, Jusieu*, etc., pour ne donner que les plus importantes. Les meilleures sont trois noms propres, — Carbonier, Bouriana, Cavalhon, — qui ne manquent pas d'un certain intérêt historique. — Voici celles de notre renvoi : *t. o. deves v. senhier s. v. o. volez b. n'avez b. p.*

# LO ROMAN D'ARLE

## I.

### Venjansa del Salvador

Quant Tit e Vespasian (1) la terra an conquistat
Gentil la demanderon et el lur a donat;
Pueis s'entornet en Roma, en la nobla cieutat.
Quant sos paire lo vi, el lhi a demandat :
O mos filhs, digatz mi, coma avetz tant estat ?
Vos an li fals Juzieu malamens contrastat.
Ni devedat la terra que la no siatz intrat ?
— No, senhor, que molt ben los n'avem tug gardatz ;
Fonduda es la cieutat, ren no i avem layssat
Que tengüesson Juzieu que tot no sia cremat,
E li Juzieu tug mort, .j. no n'es escapatz,
Fora aquels ques son. XXX. per. j. denier donatz :
A qui los a volgutz nos los avem liuratz,
Quar Dieu avian vendut li trachor renegat
XXX. deniers d'argent, quez ilh m'o an contat.
— Filhs, vos avetz ben fag, quar Dieu n'avetz vengat.

## II.

### Visitatio de l'Emperi — Comensament d'Arle

Adoncas l'Emperaire el palais fes venir
Totz los melhors de Roma, e va lur aqui dir :
Vec vos, senhor, qu'ieus ai mandat trastotz querir,
Pueis mos filhs es vengutz, que nos anem vezer
La terra de l'Emperi. — Tug o devem voler,
Senhor, si o voletz, ben n'avem bon plazer.

Adoncx s'en es issit l'Emperaire Sesar.
El fes sonar son filh e va li comandar :
Filhs, gardatz ben la terra, que ieu m'en vuelh anar.
Aras s'en va gauzen l'Emperaire Sesar
Ab trastota sa gent e va lur demandar :

(1) Il ne faut pas oublier que, dans notre poème, Vespasien est fils de Titus et que de plus Vespasien, appelé d'abord Articlam, changea de nom à cause d'une maladie si puante qu'il était assailli par des nuées de guêpes (*las Vespas*) il en fut miraculeusement guéri par l'attouchement d'un vêtement du Sauveur et par la Véronique, ce qui le rendit favorable aux chrétiens. Le vers 80 ci-dessous fait allusion à ce fait.

entro la sieutat d'Arle a la Segona Roma que la deven anar. L'Emperador vene en Arle, al devant mot gentils li van ey sie mot grand honor li foron ben louan aculhir, tot sert ben lo van aculhir e li gos barbis ben e for atersi (1). E van vers lui en tota la gent de la sieutat li van il forar visir. Quant l'Emperador fon en la sieutat, mot i pres gran plazer. Mot es plus fort que Roma aquest luoc, par ma fe XX. ans estat en Arle l'Emperador que anc non s'emparti, tant li fon bele lo luoc. El palais (2) l'Emperador mandet querre lo plu viels home d'Arle, e va lur demandar, digas vous autres, nenguns encartamens avez d'esta sieutat del premier bastiment quant a de temps de la començament quali fors los primiers que va acomensar de bastir aquest luoc. En lan anonciat iij. m. cccc. xlviij. ans senhos aquel gentil (3) commenseron de bastir las Arenas e lo luoc a non Gerengost, Grege, Vandalins et los gos Barbis (4) atresis, proviane segon que conta nostres escrits que bastiron la sieutat d'Arle e Roma atresi. Quant l'Emperador fon en Arle Sant Trofeme li vene per las gens prezicar la santa fe de Dieu a la gent demonstrar quel pregeson cresensa ves Dieu à batejar (5). Ar presiquet mot fort per tota la sieutat la grand vertut de Dieu lur a ben demonstrat, tant-hiac quaquels que o prenon en grat et li autres en feron grand esguers a l'Emperador van mandar que lo en fasa gitar, o lo fasa liar, o lo en fasa menar, o que lo fasa pendre, quar el los vol enganar. L'Emperador mandé querre Sant Trofeme, e va li dire, digas Trofeme, eras tu dicipol del Sant Profeta quels jurieux an ousit, Senhor yeu era son dicipol, non me vuel escondre, e en esta sieutat son vengut per la gent presicar e convertir, plas a vos senhor que vos mi dejas aculhir que puesca far una gleysa on Dieu puscan servir.

**(P. 154).** Quant l'Emperador auzi de Dieu parlar tot cant lequers Sant Trofeme li anet autrejar e la gent de son ostal es el li

(1) Var. : *et legat barbis b. e fon atrasiet van v. l....*

(2) Cet espace blanc du ms. d'Aix est rempli, dans ceux d'Arles, par le mot : *Contantin.*

(3) Var. : *Senher, a qui gentils c.*

(4) Var. : *es lo luoc a n. Gerenga, G. V. a 'esgobarbes.* — Ce *Gerenga* serait-il *Jarnègue*, nom d'un quartier actuel de la ville de Tarascon et jadis île du Rhône ? Quant aux *Barbis*, ce sont probablement les prêtres des faux dieux de ces païens, par analogie avec ceux des Vaudois qui portaient ce nom.

(5) Var. : *quel prese fon reverensa v. D. e b.*

Anem a la cieutat d'Arle, riba de mar,
A la segonda Roma, que la devem anar.
De manes l'Emperaire en Arle va venir ;
Al davant mot gentil dels portals van issir,
Mot grand honor li feron, ben lo van aculhir ;
E los Gotz e los Barbs ben e fort van venir ;
Ab trastota la gent lo van foras vezer.
Quant Sesar fon en Arle mot hi pres grand plazer
Et a sos companhons el ab gran gaug va dir :
Mot es plus fort que Roma aquest luoc, per ma fi !
XX. ans restet en Arle et anc no s'en parti
Tant lhi fo bel lo luoc. El palais Constanti
L'Emperaire mandet querre lo plus antic
De totz los homes d'Arle e dis lhi atressi :
Vos au[illegible] digatz mi : negun encartament
Avetz d'esta cieutat del premier bastiment,
Ni quant contam de temps de l'acomensament,
Quals foron los premiers quez an acomensat
De bastir aquest luoc ? — E l'an anonciat
Iij. m. e .cccc. xlviij. so fos
An bastit las Arenas, el luoc es Gerengotz ;
Foron Grecz, Vandalins, Gotz e Barbs atressi ;
Pro n'i avia, segon que conta nostre escrit,
Que la cieutat de Roma et Arles an bastit.

## III.

### Sant Trofeme.

Quant en Arle si fo l'Emperaire Sesar,
Sant Trofeme lai venc per la gent prezicar,
La santa fe de Dieu a la gent demostrar,
Qu'els crezeson en Dieu e s fesson batejar.
Ar presica mot fort per tota la cieutat ;
La gran vertut de Dieu ben lur a demostrat.
Ganren hi ac d'aquels quez o prenon en grat
E tug li autre l'an ab esquern mesprezat.
Pueis a l'Emperador prestamens van mandar
Que l'en fasa gitar o liar o menar
O que lo fasa pendre, qu'el los vol enganar.
L'Emperaire mandet Trofeme e va li dir :
Trofeme, es tu discipol del profeta martir
Quel Juzieu malamens an fag pendre e aucir ?
— Oc, senhor, e d'aisso no me vuelh escondir
Et aissi sui vengut prezicar, convertir
E plaza vos, senhor, que m dejas aculhir
Que si fassa .j. gleysa on Dieu puescam servir.

Quant ac auzit de Dieu parlar
L'Emperaire va autreiar

fes venir cant li foron davant a tot ensens va dir aquels bon homs en aculhes, e tot quant vos quera, e vos autres li dares tots sels al poira convertir en mon ostal puescan venir quel era dicipol de Dieu daquel que an mort ly jurieux, que mon fil a guarit e sanat e de las vespas desliurat perque li diray on puesca far gleiza e la gent batejar, quar aital aven nos en Roma quan vos autres aves dig tot sel quel poira convertir ves Dieu e sas obras tener. L'Emperador son palais li va dar on pogesa far gleisa e la gent batejar quel poira convertir e a Dieu gasanhar puieis fas venir totas las gens e va lur comandar non fases mal Trofeme laissas lo aisi istar que jeu len don poder que puesca presicar per trastota ma terra e la gent perdonar que volran en Dieu creire e si volran batejar. Si l'Emperador si part daqui ja non o volran far que non crezon en Dieu idolas nan orant mas lo bons homs San Trofeme els nan fort menassat. L'Emperador lor di aras fes venir lo fil de Magin que las arenas fes complir que li sovent de gentileza ac mot de gens aussi, e lo Rey Carboier que venc de Galia per abitar aqui e sa moler Loriana (1) fila dal rey Augin Bones de Tartaria el conte Agarin e lo rey Audagier el fil del rey Erium (2) lo rey de la Truella el coms Bigars el rey Galie, el rey Autan an mots d'autres barons, ainsi tug amper pres la terra, gran forsas an bastit lo plus fort bastiment que sie sot lo sel es aqui l'Emperador sentornet (3) en Roma la sieutat am tos los melhos omes d'Arle que lan acompagnat per visitar l'Emperi an li von son anats aqui este mieg en aquela daianon (4), pueis sen anet per l'Emperi a Roma va repairant e cant e fon de prop a son fil Vespeiran dig Arteclan va mandar quel feses la sieutat mot ben aparelhar. Quant ausi son fil tantost el o fes far, quant l'Emperador intret en Roma la sieutat, los sieus

(1) Var. : *Carbonier... e. s. m. Boriana.* — Le nom de *Carbonier*, comme celui de *Rey de la Truelha*, est emprunté à un antique édifice qui se voyait encore à Arles, au moyen-âge. Aujourd'hui les ruines même du château de la Carbonière ont péri, tandis qu'on peut encore voir celles du palais de la Trouille. — *Bigard* est le nom d'un quartier de la Crau; *Boriana* pourrait être identifié avec le quartier du village voisin de Noves, appelé *Bouriant*; *Augin* avec la vallée d'*Auge* qui s'étend de Baux à Fontvielle et qu'un proverbe populaire a rendue célèbre; *Agarin* avec le quartier et la montagne d'*Agard* dans le territoire de Fontvielle; *Eriun* ou *Erian* et *Autan* pourraient peut-être se retrouver dans l'antique *Ernaginum* et le fameux baillage d'*Autavis*.

S'il en était ainsi, nous aurions là une preuve irréfragable de la composition de ce poème à Arles même, au commencement du XIV$^{e}$ S., à la fin du XIII$^{e}$ peut-être, et la certitude qu'il n'est point une imitation des chansons de geste françaises. On sent combien, à ce point de vue, notre texte devient important et précieux.

(2) Var.: *Erian*.

(3) Var.: *es a. que l'E. s'e.*

(4) Var. : *e. m. an en a. sieutat de Janon.*

Tot quant volc Trofeme lo bar.
La gent de l'ostal fes venir
Et el a totz ensems va dir :
Aquel bon home en aculhes,
Tot quant vos querra li dares ;
Tug cel qu'el poira convertir
En mon ostal puescan venir .
Qu'el era discipol de Dieu,
D'aquel que an mort li Juzieu ;
Qu'a mon filh guarit e sanat
E de las vespas desliurat.
Per quelh darai on puesca far
Gleiza e la gent batejar,
Tug cel qu'el poira convertir
A Dieu e sas obras tenir.
E vos autres nous cal ren dir
Quar en Roma avem nos aital
Per onrar lo Dieu eternal.

Mantenen l'Emperaire son palais va lhi dar
On poguesa far gleisa e la gent batejar
Qu'el poira convertir et a Dieu gazanhar ;
Pueis fes venir las gentz e va lur comandar :
Non fassatz mal Trofeme, aissi laissatz lo star
Quez ieu lhi don poder que puesca prezicar
Per trastota ma terra e la gent perdonar
Que volran en Dieu creire e pueis si batejar.

D'aqui s part l'Emperaire, ja far non o volgran.
Qu'els non crezon en Dieu, idolas van orant
Lo bons homs sant Trofeme los va fort menassant.

L'Emperaire ditz lor : Ar fassatz mi venir
Lo filh Magin que fes las Arenas complir,
Que fo de gentileza, segon ay auzit dir (1).

. . . . . . . . . . . . . . . . . . . . . . .

L'Emperaire s'entorna en Roma la cieutat
Ab totz los melhors d'Arle que l'an acompagnat.
Per visitar l'Emperi a Lion son anatz.
Aqui estet mieg an en aquela cieutat
E pueis en Avinhon a lonc tems demorat.
Aras va per totz luocz l'emperi vesitar,
Pueis a Roma tornet l'Emperaire Sesar.
E cant el fo de prop a son filh va mandar
Qu'el fezes la cieutat mot ben aparelhar,
Quant o auzi sos filhs tantost el o fes far.
Quant l'Emperaire intret en Roma la sieutat

(1) Le passage correspondant n'est point ici à sa place. C'est le dénombrement des princes Sarrasins qui prirent Arles, quand les meilleurs s'en furent retirés. Nous le rétablissons dans notre restitution, après les vers 118 et 119.

nan meravilhas quar el venc tant fort accompagnat aquels que foron d'Arles el los va touts retenir non los en laiset tournar tant los pres en plazer volc que estesan en Roma la terra mantener totas nes isteron ane non pogron issir ni partir de la terra de Roma ni ad Arle venir. Mots foron Sarrazins ad Arle avitar quar viron quels milhos sen son annats Sarrazins van penre Arle e Masela, e Avinhon, Narbona, e Venise (1), Aurenga, eilavon e tots los autres luocs que esta environ sia estat Sarrazin de samartro que Dieu Karlemaine quals anet deguarrer, quar li fon contat a Paris la sieutat la gran nobleza dArle per la plus fort sieutat que sie el mont ni mais de malvastat, quels non crezon en Dieu ni en la Crestiandat. Quant Karlemaine ausi contar la novela en anet comandar Alamans e Frances Engles e Borgonhons et Picars e tots sos amis. Bels senhes si vos plaz anas vos tug armar que an Arle lo Blanc nos coven tug anar : de Paris son vengut tug mot ben **(p. 155)** aparelhats gauren de noblas gens aysi cant o a comandat Karlemaine, si mon da Paris am los nobles barons e lo xij. bare de Fransa am tot los companhons davant Arle lo Blanc es vengut lo Barnage de tota Fransa mot ben acompanhat al pe duna montanha una vila an trobat, que a non Freta (1) tantost la

(1) Var. : *Arle e Macelha e A. N. et V. A. e Cavalhon.* Venise était un *pagus* situé jadis dans le département actuel de Vaucluse et qui a donné son nom au Comtat-Venaissin. Cette dénomination est encore conservée dans *Baume-de-Venise*, nom d'un village voisin de Carpentras.

(1) L'emplacement de *l'Ager Fretensis* est bien connu et déterminé par plusieurs chartes du Xe siècle. La ville de *Freta*, détruite par les barbares, fut remplacée par le Saint-Rémy actuel. — Cf. de Revel et de Gaucourt : *Dictionnaire topographique de l'arrondissement d'Arles*, p. 227, V° S.-Rémy. — Mouan : *Catalogue raisonné des mss. concernant la ville d'Arles*, p. 17, n° 2. A l'endroit marqué par notre texte et si bien désigné dans celui de la *Romania* (I, 64) « *al pe d'una montaigna an atrobat una cieutat que s'appella Freta, pres d'un mauseol de Sext, roman, en tirant als Bautz,* » à N. D. de Laval, au-dessus du vallon de S. Clair et à gauche de la route de Maussane, on trouve encore de nombreuses poteries arabes qui, confirmant notre texte, sembleraient prouver un assez long séjour des Sarrasins en ce lieu.

Los sieus en foron tug ganren meravilhatz
Quar el venc atresi tant fort accompagnat.
Aquels que foron d'Arle el los va retener
No los laisset tornar tant los pres en plazer;
Volc que restan en Roma la terra mantener.
Totas vetz hi esteron, anc no pogron issir
De la terra de Roma et ad Arle venir.

IIII

## Los Sarrazins en Arle.

Motz vengron Sarrazin ad Arles habitar
Quar viron quelh melhor a Roma van anar,
E lo Reis Carboniers e sos filhs atressi
Que venc de la Galia per habitar aqui
E sa molher Boriana, filha del Rey Augin,
Bones de Tartaria e lo coms Agarins,
E lo Reis Audagiers e'l filhs del Rey Erin,
Lo Reis de la Truelha e'l coms Bigars aisi
E lo Reis de Galia et Autans atresi
E motz autre baron que vengron tug aici.
Trastotz an pres la terra, grans forsas an bastit
Lo plus fort bastiment desotz lo cel aqui.

Sarrazin prengron Arle, Marselha et Avinhon
E Narbona e Venisa, Aurenga e Cavalhon
E totz los autres luocz quez estan environ.
Tro Martror Sarrazin en Arles an restat.
Dieus mandet Karlemaine que los a guerreiat,
Quar en lo sieu palais, en Paris, fo contat
La grand nobleza d'Arle per la plus fort cieutat
Quez anc en lo mont fon, am tot lo sieu barnat,
Dels Sarrazins felons ni de sa malvastat
Qu'els no crezon en Dieu ni en la Crestiandat.
Karlemaines auzi las novelas contar
A totz los sieus Frances el anet comandar,
Alamans et Angles, Borgognons e Picars,
Los. XII. bars de Fransa et tug sos amicxs cars :
Bels senhors, si vos platz, anatz vos tug armar
Quez en Arle lo blanc nos coven totz anar

De Paris son vengutz mot ben aparelhat
Ganren de noblas gens com o a comandat.
En l'ost de Karlemaine son tug li pavalhon ;
Movon s'en de Paris ab los nobles barons
Li. XII. bar de Fransa ab totz lors companhons ;

Davant Arle lo blanc es vengut lo barnat
De trastota la Fransa mot ben acompanhat
Al pe d'una montanha .j<sup>a</sup>. vila an trobat
Quez a nom Freta ; sus el mont l'ost s'es pujat.

aneron fondre que res non escapet aqui sacretieron gauren gauren li an estat tro que agron reconeguda la terra els pases regardat. Karle mande a Tibault quel vengua a fizansa que non li cal duptar. Quant Tibaut auri lo mesage que Karle lia mandat sonet sos cavaliers es a lu comandat anen a quarle que nos mande querre, movés vos tug es anent lo veser veiren si son gaire sil poiren conqueıer, lo Rei Tibaut si anet ande sos quavaliers a Carlemaine lai non non el lo atendio. Lo Rei Carle lo vi venir vai si levar e vai lo agulhir, Rei Tibaut ben vol gra si a nos plages que crezeses en Dieu e vos batejases. Quar crestian un agron ben amic si vos far o vol ses Carle vos ni vostre batejar non preze un poges Carle so dis Maiuier, si vous men crezes vos vos entornarets an vostres companhons que plus non sa estares, los xij. Bares de Fransa si van for quorosier quar viron que Tibaut non si vol bategier, Rolant va dire a Carlemaine senhor laissas lo anar que nos volen batalhar anon si aparelhar lo rei Tibaut o auzi pres sen a retornar Tibaut vay dir mot orgolosament am quoc irat plen de mal falent anquaras vos valgra mais que zen Fransa foses car es vengut sai que mais no la tournares ar fon Tibaut ar Arle tornat........(1)

(1) Comparez, avec la première partie de notre *Rouman*, les rares opuscules suivants : *Historia del re Vespasiano : come fece crudel vendetta de la morte di Iesu Christo contra li perfidi Iudei : et del grande assedio chel fece cōtra Hierusalem in tal modo chel padre mangiava el proprio figliolo : et della crudel morte che fece fare a Pilato : perche haueua sententiato Christo alla morte.* (senza nota), in-4°. de 4 ff. — *Aqui comienca la ystoria del noble Vespasiano, emperador de Roma, como ensalço la fe de Iesu Cristo por que lo sano de la lepra que el tenia et del destruymiento de Jherusalem et de la muerte de Pilatos*, s. l. n. d., 4°, de 34 ff. — *Estoria de muy nobre Vespasiano, emperador de Roma* — Lixboa, per Valentino de Moravia, 1496, 4°, de 44 ff. — Cf. encore : *Hist. littéraire de la France*, XXII, 412, sq ; la *Vindicta Salvatoris* insérée dans les *Evangelia Apocrypha* de Tischendorff, Leipzig, 1853, 8°, p. 448, sq. — et le *Mystère de la Vengeance de N. S. J. C.*, analysé par M. Paris, dans ses *Toiles peintes et Tapisseries de la ville de Rheims*, 1840, 4°, 2 vol.

Tantost l'aneron fondre, res no n'es escapat ;
Et aqui s'arresteron ; ganren hi an estat
Tro qu'an vista la terra els passes regardat.
Aras, l'ost Karlemaine en Arle es arrivat.
Carle manda a Tibaut qu'el venga fizansat.
Quand Tibautz ac auzit so que lhi a mandat
Sonet sos cavaliers e lur a comandat :
A Carles anem tug que nos manda querer ;
Aras movetz vos tug et anem lo veser
E veirem s'ilh son paucz, s'ilh poirem conquerer.

Lo Reis Tibautz anet ab totz sos quavaliers
A Carlemaine, la on el los atendie.

Carlemaines lo Rey Tibaut a vist venir ;
Aras va si levar e va lo aculhir,
E de bon aire tost el lhi comensa a dir :
Reis Tibautz ben volgra, ieu, si a vos plaguetz,
Que crezesetz en Dieu e vos batejasetz
Queus aurieu bon amic si vos far o volsetz.
— Ni vos nil batejar ieu non preze .j. poges
— Carles, so dis Mainiers, aras, se m'en crezetz,
Ab vostres companhons vos vos en tornaretz
Prestamens a Paris, plus non sai estaretz.

Los .XII. bar de Fransa si van fort quorosier
Quar viron que Tibaut no si volc batejier.
A Carlemaine va Rolant dire : Senhier,
Laissatz los totz anar quens volem batalhar
Anon s'en los felon ben tost aparelhar !
Lo Reys Tibautz l'auzi, pres s'en a retornar

. . . . . . . . . . . . . . . . . . . . . . . .

Lo Reys Tibautz va dir mot orgulhosament
En son cor fort irat e plen de mal talent :
Encaras volgra mais quez en Fransa fossetz.
Car sai vos etz vengutz e lai non tornaretz !

Quand fon lo Reys Tibautz en la cieutat tornat,

. . . . . . . . . . . . . . . . . . . . . . . .

. . . . . . . . . . . . . . . . . . . . . . . .



Marseille. — Typ. Marius Olive, rue Sainte, 39.

# NOTES

POUR SERVIR A

# L'HISTOIRE DE PROVENCE



PAR

**V. LIEUTAUD**

**Bibliothécaire de la ville de Marseille**
*Membre de plusieurs Sociétés savantes*

**N° 6**

## LE PAPE LÉON X, ARCHEVÊQUE D'AIX

**8-20 JUIN 1483**

**MARSEILLE**
**BOY FILS, M. LEBON**
**Libraires**

**AIX**
**MAKAIRE, LIBRAIRE**
**Rue Pont-Moreau, 2**

**1873**

## ONT DÉJA PARU :

N° 1. Elections municipales à Berre (B.-du-R.), 6 janvier 1396.

N° 2. Un Dîner officiel à Jonquières (Vaucluse), 17 février 1725.

N° 3. Vente de la ville de Moustiers (B.-Alpes), 27 mars 1313.

N° 4. Lou Rouman d'Arles fragment d'un poème provençal inédit.

N° 5. La Croix de Provence et la Croix en Provence.

N° 6. Le Pape Léon X, archevêque d'Aix, 8-20 juin 1483.

IL PARAIT DOUZE NUMÉROS PAR AN

(Tirés à très-petit nombre)

**Prix pour les souscripteurs : 20 Fr.**

PRIX DES NUMÉROS SÉPARÉS :

| | | |
|---|---|---|
| N°s 2, 6 | Fr. | 2 00 |
| N°s 1, 3 | » | 2 50 |
| N°s 4, 5 | » | 3 00 |

# NOTES

POUR SERVIR A

# L'HISTOIRE DE PROVENCE

PAR

V. LIEUTAUD
Bibliothécaire de la ville de Marseille
Membre de plusieurs Sociétés savantes



N° 6

## LE PAPE LÉON X, ARCHEVÊQUE D'AIX

8-20 JUIN 1483

MARSEILLE
BOY FILS, M. LEBON
Libraires

AIX
MAKAIRE, LIBRAIRE
Rue Pont Moreau, 2

1873

Tiré à 100 exemplaires sur papier ordinaire
« à 5 exemplaires sur papier de Hollande.
« à 2 exemplaires sur papier de couleur.

N°

# LE PAPE LÉON X, ARCHEVÊQUE D'AIX

8-20 JUIN 1483

Le dernier comte de Provence, le débile Charles du Maine était mort depuis peu, abandonnant sa belle Comté à l'ardente convoitise de Louis XI, cet avide roi qui avait eu peine à attendre son trépas.

Le rusé monarque de Paris la tenait donc cette splendide province, cette clef de la Méditerranée qui ouvrait de si brillants horizons au commerce longtemps étouffé de son pays. Il pouvait enfin, donnant l'essor à sa marine embryonnaire, la faire profiter de l'expérience des hommes de mer du Midi, des ressources des beaux ports provençaux, du commerce séculaire des flottes marseillaises et promener son pavillon sur ces fameux rivages que le flambeau de la civilisation n'a jamais cessé d'éclairer.

De plus, avec leur couronne, le roi de la France recevait les droits de nos comtes sur Naples et les Deux-Siciles, voire même sur le royaume de Jérusalem. Or, dans son esprit, ces droits ne devaient pas rester lettre morte, et il caressait déjà l'idée d'orner son diadème d'un beau fleuron italien. — Idée funeste, legs déplorable de la dynastie provençale à la dynastie parisienne, *marotte* insensée, semblable à ce fameux cheval Séjan de l'antique Rome qui fut toujours fatal à tous ses possesseurs (1).

Non moins absolu qu'ambitieux, le comte-roi voulait encore frapper ses nouveaux sujets par un acte éclatant d'autorité. Depuis quelque temps déjà il cherchait l'occasion de leur faire ainsi comprendre que désor-

(1) Cf. Aulu-Gelle : *Noctes Atticæ*, lib. III, cap. IX.

mais, au lieu d'un père comme le bon roi Réné, ils n'allaient plus avoir qu'un maître dur et rapace, leur envoyant sèchement ses ordres de Paris, chef-lieu de la centralisation naissante, et ne leur demandant que deux choses : leur or et leurs libertés.

Sur ces entrefaites, le 30 juin 1482, — un mois à peine après la mort de notre dernier comte, — un messager arrivait à Paris, apportant à Louis XI une lettre de Laurent le Magnifique, duc de Florence. Le Médicis y annonçait au roi que Jean, son second fils, se proposait d'entrer dans les ordres et lui demandait quelque bénéfice pour cet enfant prédestiné qui n'était alors que *Messer Giovanni*, mais qui, plus tard, devait donner à son siècle le glorieux nom de Léon X.

Le chef d'une cité comme Florence, capable de mettre sur pied cent cinquante mille hommes d'armes et possédant des trésors tels que ceux de ses opulents banquiers, n'était point un ami à dédaigner pour celui qui rêvait la conquête de l'Italie.

Aussi le roi se hâtait-il de répondre le 17 février et de promettre à son futur allié ce qu'il lui demandait (1). En même temps, il tournait ses regards vers la Provence.

Aix possédait alors un vieil archevêque, Olivier de Penart, enfant de la Chartreuse de Villeneuve-lez-Avignon et ami intime du roi Réné. Brisé par les fatigues et les soucis que lui avait donné l'achèvement de la basilique de Saint-Sauveur et surtout ce beau portail *le plus magnifique qui soit en ce païs*, il était atteint d'une grave maladie qui ne pouvait tarder de le conduire au tombeau. Il avait déjà fait son testament à Marseille le 21 septembre 1481, chez Me Mathieu Georges, dit d'Olières (2) et, peu de temps après la demande du prince florentin, la rumeur publique apportait à Paris la nouvelle de sa mort.

(1) Voyez le texte de cette réponse dans W. Roscoe : *Vie et pontificat de Léon X*, trad. par P. F. Henry, 2e édition, Paris, 1813 8°, t. I, p. 389, *Appendix*, n° 1.

(2) Ce document se trouve aux archives départementales des Bouches-du-Rhône, coté *S. Sauveur*. *fondations*, sac 4, B. — Fonds de l'archevêché d'Aix — Cf. H. Fisquet : *La France pontificale : Métropole d'Aix* (première partie). — Deuxième édition, Paris, s. d., 8°, p. 125 et 126 : il donne une analyse de cette pièce

Jusque alors, libres sous le gouvernement paternel des comtes, les Chapitres avaient élu leurs prélats, nomination toujours ratifiée par le pouvoir souverain.

Mais alors, comme le dit si bien Pitton (1) *les Eglises de Prouence commencérent de connoistre quelles auoient changé de maître*, et Louis XI voulant leur faire sentir qu'un nouveau système, un système parisien s'inaugurait *ecriuit aux maîtres Rationaux d'Aix qu'on ne s'ingera plus d'eslire les Euêques, mais que l'on reçut ceux qu'il lui plairoit de leur envoyer* (2), si bien que *le choix que le Chapitre de Saint-Sauueur auoit fait du Chanoine de Thomas fust nul* (3).

Heureux de faire d'une pierre deux coups, le roi politique en saisit avidement l'occasion et nomma le jeune *Messer Giovanni*, âgé de neuf ans, archevêque de la capitale de Provence.

C'était faire acte de haute souveraineté au cœur même du pays récemment annexé et se préparer un aide puissant pour la conquête de Naples. Ajoutons encore que ce moyen d'acheter pareille alliance sans bourse délier souriait fort au monarque économe et était tout à fait dans ses goûts.

Aussi quelle joie dans le palais des Médicis lorsque, le 8 juin, par un de ces beaux soirs d'Italie, le courrier Jacopino apportait tout poudreux au Magnifique la nomination de Jean au siége des Maximin et des Sidoine! Le vieux Gentile d'Urbino dût en tressaillir de joie, Politien célébrer en beaux vers l'heur de son jeune élève, et les humanistes qui préparèrent la Renaissance, Pléthon, Chalcondyle, Landino, Marsile Ficin, Verino, célébrer l'heureuse union de *Messer Giovanni* avec la sainte église d'Aix.

L'heureux père ne perd pas de temps. Le soir même il en écrit au Souverain-Pontife et l'estafette part chargé des lettres du roi de France pour le Pape et le Cardinal

(1) *Annales de la Sainte Eglise d'Aix*. — Lyon, Libéral, 1668, 4°, p. 207.

(2) (Petit-Bouche) : *Essai sur l'Histoire de Provence*. — Marseille, Mossy, 1785, 4°, t. II, p. 4.

(3) Pitton, *ibid*.

de Mâcon. D'autres missives pour le comte Girolamo lui sont en même temps expédiées à Forli par Zenino.

Tout allait à souhait, et Laurent le Magnifique ne pouvait s'empêcher de pousser ce cri de satisfaction paternelle : *Dio mandi di bene !*

Le 11, Zenino retournait apportant des lettres du comte pour le Pape et le Cardinal de Saint-Georges qui sont immédiatement expédiées par Milan. En actif commerçant et en bon politique, le Médicis connaissait le prix du temps et mettait en pratique le vulgaire proverbe qui veut qu'on batte le fer quand il est chaud.

Cependant le 15, vers minuit, arrivent des nouvelles peu satisfaisantes. Les neuf ans du précoce archevêque ne paraissaient point au Pape une garantie suffisante pour la bonne administration d'un diocèse aussi illustre que celui d'Aix, et, comme les motifs politiques de Louis XI n'avaient sur lui aucune influence, il hésitait à ratifier la royale nomination.

Laurent se hâte de dépêcher un nouveau courrier au roi de France pour l'informer du malencontreux retard et solliciter de lui une dernière lettre, qui, certainement, déterminerait Sa Sainteté.

Le messager était encore en route quand, le 20, une dépêche du correspondant parisien, Lionetto, apportait à Florence une nouvelle étonnante, inouïe, incroyable, un vrai coup de foudre : on avait vendu la peau de l'ours avant de l'avoir mis par terre ; l'archevêque d'Aix vivait encore, Olivier de Penart n'était pas mort !

. . . . . . . . . . . . . . . . . . . . . . . . .

Et voilà comment le futur pape fut, pendant deux semaines, archevêque nommé d'Aix, et comment cette église n'a pas pu inscrire sur ses dyptiques le nom de ce grand pontife que les siècles saluent du nom de Léon X.

Il dût se contenter de la crosse abbatiale et accepter en dédommagement l'abbaye de Pasignano qui vint alors à vaquer.

Les détails qui précèdent nous sont fournis par le principal acteur, par Laurent lui-même qui les a consignés dans ses papiers.

Ce prince avait pour habitude — bonne habitude qui vient de permettre à M. Charles de Ribbe de reconstituer l'état social de notre pays à une époque déjà bien ignorée, — ce prince avait pour habitude, dis-je, de noter jour par jour tout ce qui lui arrivait, heur et malheur, et son précieux journal nous est parvenu sous le titre de *Ricordi di Lorenzo*.

C'est à lui que nous avons emprunté notre récit. Nous mettons sous les yeux de nos lecteurs le passage qui s'y rapporte :

## RICORDI DI LORENZO

A dì 8 giugno detto venne Jacopino corriere di Francia sulle 12 ore con lettere del re, che haveva dato a mess. Gio. nostro l'arcivescovado di Hayx in Provenza, et a vespro fu spacciato el fante per Roma per questa ragione con lettere del re di Francia al papa et card. di Macone, et al Co. Girolamo, che in quest'ora medesima se gli sono mandate per il Zenino corriere a Furlì. Dio mandi di bene. A dì 11 tornò el Zenino dal Co. con lettere al papa et S. Giorgio, et spacciaronsi a Roma per la posta di Milano. Dio mandi di bene. In questo dì medesimo dopo messa in cappella di casa si cresimarono tutte le fanciulle di casa et fanciugli da M. Giovanni in fuori. A dì 15 a ore 6 di notte venne lettere da Roma, che il papa faceva difficultà di dare l'arcivescovado a mess. Giovanni per la età, et subito si spacciò el fante medesimo al re di Francia. A dì 20 venne nuova de Lionetto che l'arcivescovo non era morto (1).....

(1) Voici le titre exact de ce livre de raison dont le ms. original est conservé à la Magliabecchiana de Florence : *Ricordi del magnifico Lorenzo di Piero di Cosimo de' Medici* (cavate da due fogli, scritti di sua propria mano).

Ils ont été édités d'abord dans le *Nuovo Lunario della Toscana* de 1775, ensuite reproduits par W. Roscoe dans sa *Vie de Laurent de Médicis, surnommé le Magnifique*, trad. par F. Thurot, Paris, an VIII, 8°, t. I, p. 394, n° XI et t. II, p. 452, n° LVII. — Ils doivent être aussi insérés dans les *Opere di L. de' Medici, detto il Magnifico*, publiées à Florence en 1825, aux dépens du Grand-Duc Léopold II, en 4 vol. grand in-4°, mais nous n'avons pu le vérifier. Enfin, ils ont été publiés en dernier lieu dans le *Prodromo della Toscana illustrata*.

Ajoutons en finissant que les Provençaux ne perdirent rien pour attendre. Louis XI mourut avant ce fâcheux archevêque dont il était si pressé d'adjuger les dépouilles. Mais son fils Charles VIII, continuant la politique paternelle, malgré les résistances que ce choix soulevait à Aix, envoya, après la mort de Penart, un parisien de la plus belle eau, poussant jusqu'à l'extrême le dévouement à son roi, Philippe Herbert, *en qui la douceur et les engageantes manieres d'agir se faisoient particulierement admirer* (1).

Ce n'était pas sans motif que les rois de Paris voulaient mettre un étranger sur le premier siége de Provence. Ce prélat *doüé d'vne extrême douceur, accompagnée d'vne addresse admirable* (2), sut faire ratifier, en 1487, par les Etats-Généraux de Provence, — dont l'archevêque d'Aix était le président-né, — l'annexion de notre pays à la France, au préjudice de l'héritier légitime, Réné de Lorraine, petit-fils du bon roi Réné. C'était la troisième fois que la France s'emparait subrepticement des Provençaux (3). La nation se souleva, comme en 1245, comme en 1382, dans une guerre nationale, une guerre de succession qui attend encore son historien, — comme les deux autres, — et qui dort tout entière ensevelie sous la poussière des archives. Le droit finit par succomber sous les forces du royaume de France tout entier, mais Palamède de Forbin, disgracié, ne profita point des avantages qu'il avait voulu s'assurer par son œuvre. — ***Habent sua fata et Gentes !***

(1) De Haitze : l'*Episcopat metropolitain d'Aix*, édité dans la *Bibliothèque Provençale*, publiée à Aix par Makaire, 1863, in-12, p. 115. — La Bibliothèque de Marseille possède le ms. original de cet ouvrage. Il est inséré dans le t. IV des mss. De Haitze, dont cet établissement possède à peu près toute la collection.

(2) Pitton, *loc. cit.*, p. 208.

(3) D'abord en 1245, par le mariage forcé de Béatrix, l'héritière de Provence, avec Charles d'Anjou, frère de saint Louis. Ensuite en 1365, quand Louis d'Anjou envahissait par force les Etats de la reine Jeanne et la forçait ainsi de l'adopter ; et enfin, en 1481, par le testament surpris ou imposé à Charles III, dernier comte de Provence.

Marseille. — Typographie Marius Olive, rue Sainte, 39.

# NOTES

POUR SERVIR A

# L'HISTOIRE DE PROVENCE

PAR

**V. LIEUTAUD**

Bibliothécaire de la ville de Marseille

Membre de plusieurs Sociétés savantes

**N° 7**

## LETTRES INÉDITES DE L. A. DE RUFFI

**à P.-J. de Haitze.**

**MARSEILLE**

BOY FILS, M. LEBON

Libraires

**AIX**

MAKAIRE, LIBRAIRE

Rue Pont Moreau, 2

1873

## ONT DÉJA PARU

N° 1. Elections municipales à Berre (B.-du-R.), 6 janvier 1396.

N° 2. Un Diner officiel à Jonquières (Vaucluse), 17 février 1725.

N° 3. Vente de la ville de Moustiers (B.-Alpes), 27 mars 1313.

N° 4. Lou Rouman d'Arle, fragment d'un poème provençal inédit.

N° 5. La Croix de Provence et la Croix en Provence.

N° 6. Le Pape Léon X, archevêque d'Aix, 8-20 juin 1483.

N° 7. A. de Ruffi et P.-J. de Haitze, Correspondance inédite.

N° 8. Discovrs prodigievx de ce qvi est arrivé en la comté d'Auignon.

---

### IL PARAIT DOUZE NUMÉROS PAR AN

(Tirés à très-petit nombre)

**Prix pour les souscripteurs : 20 Fr.**

---

PRIX DES NUMÉROS SÉPARÉS :

| | | |
|---|---|---|
| N°s 2, 6, 7 | Fr. | 2 00 |
| N°s 1, 3, | » | 2 50 |
| N°s 4, 5, 8 | » | 3 00 |

# LETTRES INÉDITES DE L. A. DE RUFFI

## à P.-J. de Haitze.

En feuilletant les volumineux mss. de de Haitze possédés par la Bibliothèque de Marseille, nous y avons remarqué, pour la centième fois, de curieux fragments de la correspondance de cet érudit.

Comme tous les travailleurs, il notait beaucoup et se servait ordinairement pour cela des lettres que ses amis, L. A. de Ruffi surtout, lui adressaient. Il utilisait les blancs de l'adresse et les interstices des lignes de la missive qu'il avait soin préalablement de tourner de haut en bas. — Jadis, on était économe.

C'est de cette curieuse façon que nous ont été conservées, au milieu d'une foule d'autres, les lettres suivantes qui se trouvent aux tomes v et vii des ms. parmi les notes ramassées pour servir à divers ouvrages.

Ie suis persuadé, mon cher, que ie uous ferey un sensible plaisir de uous procurer la cognoissance du très R. P. de la Porte, Minime. Il suffit de vous dire que c'est un curieux qui trauaille à l'histoire de l'Eglise de Narbone. Ie luy ay fait esperer que la bibliotèque de Mr de Gaufridi luy seroit ouuerte et que les registres de M. de Peiresq luy seroient utiles pour y prendre tout ce qui pourra seruir à son dessein, ie luy ay fait lier amitié avec M. Fournier (1) qui luy a fait uoir l'inventaire de S. Victor en attendant d'auoir les clefs des archiues pour prendre copie des rouleaux.

Il uous plairra de l'introduire ches le R. P. Pagy (2) et ches M. de Mazaugues. En reuanche il uous communiquera des memoires sur la uie des troubadours, qu'il a puisés de la Bibliothèque Ambresiene (3). Peut-estre qu'ils ne seront pas inutiles à uos dissertations (4) et que uous y pourres prendre des cognois-

(1) Célèbre religieux de S. Victor, bien connu pour son érudition et qui enrichit les publications bénédictines d'une foule de documents tirés des riches archives de son abbaye.

(2) C'est l'historien des Papes, le neveu du fameux critique de Baronius, cordelier du couvent d'Aix comme lui.

(3) La bibliothèque Ambroisienne renferme deux ms. de poésies de nos troubadours, cotés R. 71, *sup.* et D, 465, *inf.* Ils ont été étudiés récemment par le Dr Grüzmacher dans l'*Archiv für das Studium der neueren Sprachen* d'Herrig, qui se publie à Berlin t. xxxii, (1862) p. 387 sq. et t. xxxv, p. 100. — Cf. *Iarbuch für romanische und englische Literatur* de Leipzig, 1864, t. v, p. 435, no 67.

(4) Ruffi veut sans doute parler des : *Dissertations sur divers points de l'histoire de Provence*, ou de Haitze s'acharne contre le poète P. Gallaup de Chasteuil dont il attaque en douze points le *Discours sur les arcs triomphaux*. Aix, 1701 fo, qu'il ne faut pas confondre avec ceux de son père (1622).

sances qui détruiront ce que Nostradamus a voulu adiouter du sien dans la vie de nos poetes (1). Ie suis mon cher

*Vostre tres humble et très obeissant serviteur,*

DE RUFFI.

Ce 18 avril 1703 (t. v, notes, f° 31).

---

I'ai receu, mon cher, l'exemplaire de uos dissertations. Ie uous asseure que la derniere m'a pénétré d'une uiue douleur, le cousin Deidier qui est le seul a qui ie l'ay comuniquée par hazar a esté dans le mesme sentiment. Uous auiès touiours promis de répondre sans fiel, cepandant sans garder aucune mesure uous uous estes déchainé d'une manière indigne de uous. Cette reponce loin de uous iustifier uous condanera tout à fait. Ie uous coniure par nostre ancienne amitié de la suprimer, si uous ne uoules pas que nous rompions pour touiours, car ie preuois que l'iniquité tomberoit sur des persones qui n'ont nulle part à uostre ouurage. Le remède est aisé, il n'y a qu'à mettre un carton sur la page 144 et suprimer le reste. Ne m'enuoyes point d'exemplaires pour distribuer à uos amis, car ie ne ueus pas estre le distributeur d'une si uiolente satire. Fetes bien reflexion sur ce que ie uous dis, et pour uous satisfaire inutilement ne uous hazardes pas a rompre nostre comerce (2). A Dieu.

DE RUFFI.

Ce 21 mars 1704 (*ibid.* f° 43).

---

Ie uous enuoye, mon cher, la lettre que M. Grauier uous escrit en remerciment sans doute de l'exemplaire que ie luy fis tenir de uostre part. I'ay distribué tous ceux que i'auois et tous ceux qui les ont leues les trouuent fort iustes et bien preuuées. Ie ne pense pas que uostre aduersaire y puisse répondre comme il faut. Ie serois bien aise de uoir la lettre de M. de S. Quentin sur le suiet de la comande uous me feres faueur de me la faire tenir quand uous pourrez. (3) I'ay receu toutes uos lettres et ie ne doute pas que si uous eussies recouvré les armes de Speculator, uous en eussies parle dans son lieu aussi bien que du nouueau titre de Fulco

(1) Il est curieux de voir comment nos savants provençaux du XVIII^e^ siècle se mettaient déjà en garde contre les supercheries par trop patriotiques de l'auteur des *Vies des Troubadours*. Cependant, pour être juste, avouons que, sauf quelques pastiches faciles à reconnaitre et sa manie de tout rapporter à la Provence, il y a dans Nostradamus bien des indications précieuses qui ne sont point à dédaigner, car il a connu des mss. aujourd'hui perdus. — La discussion des deux érudits à ce sujet ne manque pas d'un certain intérêt. De Haitze y a consacré cinq *Dissertations* et Gallaup cinq *Dialogues*.

(2) Il est à croire que de Haitze se soumit, car les pages 143-148 manquent dans les exemplaires. On sait que Gallaup ne resta pas muet devant ces attaques et qu'il fut vaillamment secondé par son ami Remerville de S. Quentin, l'*Hérodote Aptésien*. Ils ripostèrent par les huit dialogues de l'*Apologie des anciens historiens et des troubadours*, qui parut la même année, 1704, à Avignon, dans lequel ils font parler Ruffi (p. 2) presque comme dans cette lettre : on dirait qu'ils l'ont connue !

(3) Elle se trouve *ad calcem* des *Réflexions sur le Libelle intitulé Lettre critique de Sextius le Salien à Euxenus le Marseillais*, réponse virulente de Gallaup à de Haitze, où Ruffi n'est point épargné. Ils y sont traités de *furieux*, *grossiers*, *fats*, *pédants*, *impudants*, *canaille*, *cuistres*, *crocheteurs* et autres aménités du même genre.

tiré de la Verne que ie uous enuoya y a quelque tems ie uous prie bien fort d'examiner le proiet que ie uous ey enuoyé de nos uicomtes affin que ie puisse me determiner et finir ce que i'ay comencé. Ie profiterey de l'auis que uous m'aues donné touchant le renuoy des liures de M. de Masaugues. Ie l'ay fait pour bien et pour les rendre aussi tost que ie puis. A l'auenir ils seront en paquet pour suiure uos ordres.

DE RUFFI.

Ce 28 may 1704 (*Ibid.* f° 26).

---

Ie me sers de cette occasion, mon cher, pour que je sois asseuré que ce billet uous soit rendu. Je vous ey escrit diuerses fois sans que i'aye eu aucune de uos reponces, ie ne scay si uous estes mort ou uif, en cas que uous soyes mort, fetes moy scauoir cette nouuelle, affin que ie fasse faire uos funerailles. Je uous ey renuoyé tous les liures que i'auois a uous, et affin que ie n'en sois pas en peine accuses m'en la reception, et souuenes uous des autres que ie uous ey demandé et dont i'ay besoin scauoir du Sirmond et du Rainald qui me reste encore a uoir qui est le uolume de 12... iusques en 1260.

Ie scay de tres bonne part que uostre antagoniste prepare une reponce contre uous, (1) ie preuois bien que uous n'en resteres pas là. Cepaudant prepares uous pour les droits de la France sur la Prouence de uoir N Damus, fol. 131, 132, 149, 655, 670, 211, 42. J'ay ueu le pere le Cointe qui dans ses *Annales* et sous l'an 536 est pour uous. Je uerrey encore Cordemoy pour scauoir s'il uous pourroit estre de quelque utilité, et quand à la comande, et aus Comtes beneficieres consultes Ducange sous le mot *comenda* et *benificium*, car uous y trouuerés de quoy uous contenter. Mais faites en sorte que persone n'en sache rien (2).

Le P. Chiquot ma charge de uous faire ses compliments ; il treuue vos dissertations tres belles, et tres bonnes. Le P. Lyon est tombé dans l'enfence, il n'a plus que la figure humaine.

Adieu.

Ce 20 juillet 1704 (*Ibid.* f° 30).

A Monsieur
Monsieur d'ACHE, escuyer (3).

---

Ie uous adresse ce porteur, mon cher, auec douse bouteilles du muscat de mon cru. Il uous plairra en mesme tems de luy indiquer la maison de M. de Gaubert et celle de M. Berge pour qu'il en remette six a chascun. Ie suis fasche qu'il n'y en aye point pour uous, ie n'en ay si peu fait qu'à peine en ay ie eu vint bouteilles en tout. Je vous prie de le gouster ches M. Berge et de me scauoir dire sincerement et en ami s'il a este trouué bon. Car comme il y auoit plus de quinse ans que ie n'en auois point fait,

(1) Cet antagoniste est Gallaup de Chasteuil déjà attaqué par de Haitze et qui en effet prit à partie les *Dissertations* de celui-ci dans son : *Apologie des anciens historiens et troubadours*.

(2) L. A. de Ruffi avait sans doute peur des horions de Gallaup, qui ne l'avait nullement ménagé dans ses *Réflexions* et qui ne le ménagea pas davantage dans l'*Apologie*. Il a ajouté ces mots après coup ; mais cette précaution lui a peu servi.

(3) L'adresse complète était : *chez M. l'aduocat général de Gaufridy*, ou *chez M. le Baron de Trets, au bout du Cours, à Aix*.

ie me suis hazardé d'en faire cette petite quantité, suiuant ce que uous m'en marqueres ie tascherey de me corriger l'année suiuante.

Le porteur est payé et la uoiture.

Par cette mesme occasion uous pourries me donner des nouuelles si le fueillant es de retour de Paris, et si uous aues ueu ce que les Bolandistes disent de l'acte de Gibalin en la uie de S. Tropes (1). Faites moy la grace de me dire quelque chose de nouueau de uos estudes. M. Fornier et le P. Laurent uous asseurent de leur respects. Celuy là est touiours plus incomodé que iamais c'est un contretems bien désagréable et pour luy et pour nous. Ie uous souette une bonne année. Toute ma famille uous fait ses compliment. A Dieu.

DE RUFFI.

Ie crois que uous aues eu de M. de Fos le traité du lis que M. de Masaugues uous auoit remis pour me faire tenir, j'espère de uous aller saluer après les Rois. Ie porteray mon mm.

Le porteur est payé.

En cas que par malheur il se cassa quelque bouteille par chemin, il faut que le présent soit parfait pour M. Berge et que le malheur tombe sur l'autre,

(t. VII f° 667.)

---

I'ay enfin acheué, mon cher, de mettre au net ma copie et toutes les preuves. Ie la lis et la relis pour y uoir s'il n'y a rien qui merite d'estre chatié. ie tascheray pour la feste de Dieu de uous faire tenir le tout par la uoye de M. de Boisson, ne croyant pas de faire le uoyage alors. Ie pourrois dans la suite faire un tour uers uous pour consulter ensemble. Cepandant ie uous enuoye un proiet de preface. Ie uous laisse le maistre de couper, trancher, tailler et adiouster ce que uous trouuerez à propos. Tout l'ouurage en l'estat qu'il est renferme 112 pages, sans la préface et epistre et peut estre que l'inprimé pourroit aller plus loin. De sorte qu'il pourroit faire un ioly *in quarto*. (2) Ie suis tout à uous.

DE RUFFI.

Veille de la Pentecoste (t. V, notes, f° 25).

Uoyes Colombi aux Euesques de Uaison n° 11, s'il n'y auroit point quelque personage pour uostre martirologe, il me semble qu'il raporte l'inscription d'un Eripius qui pourroit entrer.

(1) *Acta SS. Maii*, t. IV, p. 11. Les auteurs y suspectent la donation faite à Gibalin de Grimaldi en 980 (Bouche : *Hist. de Prov.* liv. 9, sect. 1, cap. 5) par Guillaume, comte de Provence. — Cf. Chabert-Plaucheur : *Gibalin de Grimaldi*, Antibes, 1873, 8°, 159 pp.

(2) Il s'agit ici probablement des *Dissertations historiques et critiques sur l'origine des Comtes de Provence, de Venaissin, de Forcalquier et des Vicomtes de Marseille.*

---

Les mss. de de Haitze renferment encore environ une vingtaine de lettres inédites de Ruffi, pleines de détails sur les travaux littéraires de ces deux érudits, sur leurs contemporains, sur leurs affaires domestiques, que nous regrettons de ne pouvoir publier ici. Ils en contiennent en outre du frère de Ruffi, de l'abbé de Haitze, frère du savant, de MM. de Fortia, de Gaufridi, de Gassaud, de Cipières, de l'évêque d'Orange, d'Antelmy, du frère Dedons, prieur des Augustins de Grasse, etc., etc.

---

Marseille. — Typ. Marius Olive, rue Sainte, 39.

# NOTES

POUR SERVIR A

# L'HISTOIRE DE PROVENCE

PAR


**V. LIEUTAUD**

Bibliothécaire de la ville de Marseille
Membre de plusieurs Sociétés savantes


**N° 8**

## DISCOVRS PRODIGIEVX

DE CE QVI EST ARRIVÉ EN LA COMTÉ D'AUIGNON


**MARSEILLE**
**BOY FILS, M. LEBON**
**Libraires**

**AIX**
**MAKAIRE, LIBRAIRE**
**Rue Pont Moreau, 2**

**1873**

## ONT DÉJA PARU

N° 1. Elections municipales à Berre (B.-du-R.), 6 janvier 1396.

N° 2. Un Dîner officiel à Jonquières (Vaucluse), 17 février 1725.

N° 3. Vente de la ville de Moustiers (B.-Alpes), 27 mars 1313.

N° 4. Lou Rouman d'Arle, fragment d'un poème provençal inédit.

N° 5. La Croix de Provence et la Croix en Provence.

N° 6. Le Pape Léon X, archevêque d'Aix, 8-20 juin 1483.

N° 7. A. de Ruffi et P.-J. de Haitze, Correspondance inédite.

N° 8. Discovrs prodigievx de ce qvi est arrivé en la comté d'Auignon.

---

### IL PARAIT DOUZE NUMÉROS PAR AN

(Tirés à très-petit nombre)

**Prix pour les souscripteurs : 20 Fr.**

---

PRIX DES NUMÉROS SÉPARÉS :

| | | |
|---|---|---|
| N^os 2, 6, 7 | Fr. | 2 00 |
| N^os 1, 3, | » | 2 50 |
| N^os 4, 5, 8 | » | 3 00 |

# NOTES

POUR SERVIR A

# L'HISTOIRE DE PROVENCE

PAR

V. LIEUTAUD
Bibliothécaire de la ville de Marseille
Membre de plusieurs Sociétés savantes



N° 8

## DISCOVRS PRODIGIEVX

DE CE QVI EST ARRIVÉ EN LA COMTÉ D'AUIGNON

MARSEILLE
BOY FILS, M. LEBON
Libraires

AIX
MAKAIRE, LIBRAIRE
Rue Pont Moreau, 2

1873

**Tiré à 100 exemplaires sur papier ordinaire**
**« à 5 exemplaires sur papier de Hollande.**
**« à 2 exemplaires sur papier de couleur.**

N°

# DISCOVRS

## PRODIGIEVX.

DE CE QVI EST ARRIVE

en la comté d'Auignon

Contenant tant le Deluge, degast des eaux. et feu tombé du Ciel, que les ruynes du pont de Sorgues, Bederide et Aubainien, Et autres prodiges estranges arrivez ausdits lieux, le Dimanche 21. jour d'Aoust 1616.

---

A PARIS

CHEZ NICOLAS ROVSSET; EN

l'Isle du palais, vis-à-vis des Augustins

M. D C. XVI.

*Auec priuilege du Roy* (1).

(1) Nous réimprimons ici une rarissime plaquette dont le seul exemplaire connu se trouve conservé à la Bibliothèque Nationale L k² 604. — Nous avons pu nous en procurer une copie fidèle, grâce à l'obligeance de M. Rathery, conservateur de cet établissement, auquel nous sommes heureux de pouvoir témoigner ici toute notre gratitude. — Nous la reproduisons servilement, sauf le *privilége*.

Il en existe une autre édition de la même année *chez T. Arnaud, à Avignon*. — Cf. t. VIII, p. 35 du catalogue de la B. N. La bibliothèque de Carpentras en possède un exemplaire, qu'elle doit au Dr Barjavel.

# DISCOURS SUR LE DELUGE ET PRODIGES ARRIUEZ EN LA COMTÉ D'AUIGNON.

Contenant tant le Deluge, degast des eaux, et feu tombé du Ciel, que les ruynes du Pont de Sorgues, Bederide et Aubainien (1), et autres prodiges estranges arriuez ausdits lieux, le Dimanche vingt-uniesme jour d'Aoust mil six cens seize.

*Combien que les Naturaliftes ont trauaillé leurs efprits, consommé le temps, despendu leur fcience en vain pour s'efforcer d'entrer* **(P. 4)** *dans le centre des caufes et motifs des innondations, et chascun d'eux en defcrire leurs opinions telle quelle: mais par les diuerfitez des caufes, ou effence que chascun en son particulier opine, il semble plutost entre eux estre plus comble de menfonge que de verité : tellement que nous pouuons dire avec l'equité, laiffant ces fantaftiques efprits en leurs opinions, que le tout depart des arrefts et executions qui s'enfuyuent de la glorieuse Majefté divine.*

*L'Efcriture faincte, fidele tige et fondement inexpugnable de la foy, nous depeinct le Deluge vniuersel, caufé pour les grands et innumerables pechez des humains, la ruine de Sodome et Gomorre abifmees et du tout confondues et mises hors de la memoire des hommes pour leurs* **(P. 5)** *enormes et abominables vices. Lors que le Sauueur de tout le monde, par la saincte grace, voulut retirer à foy les humains, et rachepter par la grande effufion de son fang les ames des limbes et sauuer fon peuple, les Juifs infideles et non croyans virent trembler la terre, tenebres fur icelle, le voile du Temple f'ouurit et fendit en deux, les Morts reffufciter, prodiges*

(1) Les formes modernes de ces noms sont : *Aubignan*, *Bédarrides* et *Sorgues* que la poste appelle, nous ne savons pourquoi, *Sorgues-sur-l'Ouvèze*. Si l'administration voulait un nom qui distinguât ce pays de toutes les autres *Sorgues* du monde, qui pouvait l'empêcher de se servir de l'ancien nom de *Pont-de-Sorgues* ?

*estranges et que trop suffisans pour leur faire voir et recognoistre leur erreurs : Doncques ces prodiges sont et prouiennent par les pechez du peuple, et faut croire que ce sont vrayes executions et punitions diuines.*

*Ce moderne Deluge arriué en la comté d'Auignon le Dimanche vingt vniesme jour d'Aoûst mil six cens seize, peut faire voir à la pos-* **(P. 6)** *-terité un des plus remarquables et signalez prodiges que de memoire d'homme aye este.*

*Ce jour de Dimanche enuiron les quatre heures du soir la pluye commença à descendre auec si grande et violente force qu'il sembloit que le ciel fust du tout ouuert pour encores vne fois submerger tout l'vniuersel monde : Au lieu appellé le Rau de Perne* (1) *sortit vn si violent torrent, lequel s'estant joinct auec la riuiere de Sorgues impetueusement ruynerent et emporterent le pont de ladicte riuiere, hors vne arcade d'iceluy où estoit vne petite Chapelle dediee à Nostre Dame que miraculeusement fut conseruee : Car au jugement des hommes ceste arcade estoit la plus foible et plus facile et dangereuse d'estre emmenée, que non pas les autres, neantmoins par la vo-* **(P. 7)** *-lonté diuine elle est demeuree en son entier.*

*Ledict lieu de Perne, villes de Bederide, Perne et Aubainien par la violence de cet impetueux deluge, ont esté tellement ruinees, que ceux qui passent maintenant ne voyent au lieu de beaux et superbes bastimens rien plus que des vestiges, des ruines au lieu des aggreables jardins et champs remplis de pacifiques Oliviers, bordez des buissons liez auec arbres de Pommiers et Grenadiers, de Figuiers, et Amandiers, les Vignes si belles et si bien cultiuees, au lieu de ce*

(1) Ce lieu nous est inconnu. Il doit se trouver dans les montagnes du Baucet ou de la Roque, si tant est qu'il existe. Nous n'avons pu le découvrir ni sur les cartes du département, ni sur celles de l'Etat-major et de Cassini. Ne faudrait-il pas lire *Rau*, c'est-à-dire *Ruisseau?* Ce serait, dans ce cas, la Nesque qui se jette en effet dans la Sorgue et que l'auteur du *Discours*, probablement étranger au pays, a pris pour un nom de lieu, ignorant quel était ce *Rau de Pernes* mentionné sur les notes qu'on lui avait fournies.

*l'on ne voit rien que grauier et ſable: Et la furie de ce Deluge a tellement diuerty les poſſeſſions, qu'a preſent difficilement pourroit on cognoiſtre le pré d'auec la vigne, la terre* **(P. 8)** *d'auec le vergier, le jardin d'auec la maiſon, vne meſtairie d'avec l'autre: Bref tout a change, tellement que c'est vn cahos et confuſion.*

*Quel extreme regret eſtoit au paure pere de voir noyer ſes enfans, à la femme voir perdre ſon mary et elle proche d'en faire de meſme, au fils voir noyer ſon pere: Ce n'eſtoit que pleurs et gemiſſemens, bruits grondants et furieux du rauage des eaux, des bruits et abbattemens des maiſons, de ſorte que plus de dix huict cens perſonnes ont eſté perdus et ſubmergez, et un grand nombre de beſtail: L'on fait eſtat qu'en ceſte innondation et rauage d'eaux il s'eſt perdu vaillant plus d'vn million d'or, tant en or, argent, linges, vaisselles, d'enrees, qu'autres.*

*Au deſſus d'Aubainien ſur un coſtau* **(P. 9)** *où pluſieurs s'eſtoient sauvez pour euiter la furie de l'eau, ne laiſſent pas de ſentir leur part des fleaux de la Majeſté diuine, le feu du Ciel tomba et bruſla pluſieurs maiſons, gaſta pluſieurs perſonnes, et s'eſtoit tellement enflammé que les pierres meſme eſtoient conſommees par ceſt element, de ſorte que ce pauure peuple croyoit entierement eſtre à la fin, et que ce jour fust le dernier jour du monde. Comme ce feu poursuiuoit a bruſler, et ayant violentement prins ſur un fumier proche de la maiſon d'vn deuot perſonnage, lequel apres auoir prié la Majeſté diuine, poſa deux* Agnus Dei *proche ce feu, incontinent par la volonté de Dieu il ne paſſa point outre, et s'amortit. Ce ſeroit choſes trop prolixes d'escrire tout ce qui* **(P. 10)** *eſt arriué durant ce prodige: toutesfois je ne veux oublier de ceſte hiſtoire remarquable que le Lundy l'endemain de ce deſaſtre, on treuua au milieu d'vn champ enuiron demi lieue de loing des maisons par dedans les ruines et rapines des eaux qui ſ'eſtoient deſja eſcoulees, deux corps mors, vn d'homme et l'autre de femme, et au milieu vn petit enfant de l'aage de deux ans, que miraculeuſement auoit eſté conſerué, ſans que l'on aye peu recognoiſtre de quel lieu il eſtoit, n'y qui eſtoient ſes pere et mere.*

*Ce difcours arriué au vray et fi proche de nous doit efmouuoir nos confciences, et nous pouffer à la deuotion, en forte que nous puiffions appaifer l'ire de la Majefte diuine, et le prier inceffamment qu'il* **(P. 11)** *luy plaife de nous faire la grace d'eftre au nombre des bienheureux. Ainfi foit il.*

Malgré son titre, l'auteur du *Discours prodigieux* ne nous apprend presque rien sur les désastres de Carpentras, de Pernes et de Bédarrides. Quelques recherches nous ont permis de combler cette fâcheuse lacune.

Voici en effet ce que nous avons trouvé au sujet de cet évènement *arriué au vray* dans l'*Histoire civile et politique du Comté Venaissin*, par J. Fornery, liv. XI, cap. VII. Nous en devons l'extrait à l'obligeance de M. Barrès, le savant conservateur de la bibliothèque de Carpentras, dont cet ouvrage fait partie.

L'inondation qui arriva cette même année à la Saint-Barthélemy et qui causa de si grands ravages mérite d'avoir icy sa place. Il y avoit six mois qu'on souffroit dans ces quartiers une sécheresse extrême, n'étant pas tombé une goute d'eau durant ce temps là, lorsque le 22 août 1616, il commença à pleuvoir d'une force à faire craindre ce qui arriva. La pluie ne cessa point durant deux jours et deux nuits; les torrents d'eaux qui tombèrent firent enfler toutes les rivières. Celle de Lauzon, qui est proche de la ville de Carpentras, le fut si prodigieusement qu'ayant déraciné le long de son cours de grands arbres, la violence de l'eau les ayant poussés contre les arcades du pont de Serres, le choc fut si violent que les deux arcades qui soutiennent le pont furent emportées. La chapelle qui étoit entre les deux arcades, sans doute mieux fondée, ne fut point abattue. Comme ce pont est très-utile aux voitures pour le transport des marchandises de Marseille à Lyon, les Consuls de Carpentras firent travailler incessamment à le rétablir. Il ne fut pourtant achevé que l'an 1622. La dépense fut de neuf mille livres.

Voici de son côté ce que dit Giberti, en son *histoire* ms. *de Pernes* conservée à la même bibliothèque(tome 1, p. 831.)

L'an 1616 et le 21 d'avril, la rivière de la Nesque déborda si fort que l'eau alloit par son inondation au-dessus du couvert de la chapelle de Notre-Dame de Grace. Elle emporta le pont levis qui étoit en place de la deuxième arche, en face la porte N.-D.

en rompant par sa grande violence la grosse barre qui la tenoit fermée, et entra bien avant dans la ville. Il y avoit sept pans d'eau dans les boutiques de la place, et elle monta jusqu'au *Planet de la Cour*. Cette inondation fit beaucoup de ravages et de désordres dans les boutiques de la place, dans les caves voisines où plusieurs tonneaux de vin se perdirent, mais la plus grande perte fut en huile, qu'on ne put garantir d'être emportée. L'eau fit écrouler une partie du logis du Chapeau-Rouge appartenant à *Esprit Pereri*, et ruina tous les jardins qui étoient depuis la porte N.-D. jusqu'à celle de la ville neuve.

Le lieu de *Bedarrides* y souffrit extraordinairement, car il y eut, dit-on, plus de 80 maisons abattues, et la plus grande partie du bétail y périt (1).

Pour Bedarrides, Giberti est aussi exact que pour sa patrie. Voici, en effet, le récit d'un témoin oculaire qui est loin de démentir ce qu'il avance.

Nous l'avons découvert dans les écritures de Me J. Jacob, le savant et estimable notaire de ce pays. C'est un de ses prédécesseurs qui a jugé à propos de remplir les pages blanches de ses minutes par un récit succint de ce qui est arrivé de marquant autour de lui.

Il indique d'abord 1615 comme une excellente année agricole, mais que signala une terrible épidémie de *pluresia*. Puis, en 1616, l'hiver est d'une rigueur excessive. En janvier, les végétaux périssent gelés ; la Sorgue est glacée et on peut la traverser à pied sans danger ; au mois de juillet, chaleur extraordinaire, « *mesmement la nuict on ne pouvoit demeurer au lict.* »

Il continue ensuite en ces termes :

Le vingtuniesme dudict mois d'aoust enuiron la minuit suruint une grande pluye procedant entre *leuant et midi qu'on* appelle uulgerement marin de Pernes laquelle durat tout le jour qu'estoit un dimanche sans auoir demy heure de relache et tomboit ladicte

(1) Voici encore deux notes relatives à des faits de la même nature, arrivés peu d'années après et que nous tirons du même ms. p. 837 :

L'an 1622 et le 24 d'août, que la rivière de la Nesque déborda si fort que l'eau passoit presque sur le toit de la chapelle du pont, et sa grande rapidité fit emporter le pont des deux côtés de la chapelle, qui resta miraculeusement toute seule. Ce même déluge emporta près de 60 toises de murailles de notre ville avec une tour qui étoit au confluent du ruisseau de *Coucourelle*, et de la dite Nesque .... ............................................................

L'an 1625, après une sécheresse de 6 mois, il plut si fort que sur les 4 heures du soir du 23 de septembre, et ayant continué pendant 4 heures de suite notre rivière grossit si fort que les eaux ayant pénétré à la faveur des conduits et égouts, elles touchoient le cerveau de la voute de la porte de N.-D., et causa presque autant de maux et désordres que la précédente inondation.

pluye en si grande abondance que homme viuant eusse jamais *veu tomber*, de sorte que *toutes les riuières croissantes enflèrent* d'une si extrême façon que venu le soir (1) enuiron les six heures toutes desbordarent et l'eau commença à entrer dans la ville et continua de croistre et augmenter jusques la minuit de l'auteur des marques que sont en beaucoups d'endroits de sorte que a la chapelle Saincte Croix (2) y auoit quatorze pans d'auteur d'eau et dans notre maison neuf pans. Tellement que ladicte eau surpassa de quatre pans et demy celle de l'année 1548 qu'auoit esté la plus grosse qu'on heu jamais entendu dire ne tenue par escript.

Enuiron ladicte minuit les maison commancèrent à tomber à cause que l'eau auoit ja penettré les murailles et mesmement celles qu'estoient basties de terre ou tapies de sorte que le bruit de l'une tombée n'auoit acheué on entendoit tomber une autre. Le bruit s'entendoit fort cler du bout de la ville a l'auttre a cause que le temps estoit fort doux et pour la grande quantité des lumières qu'estoient par les fenestres on disoit tout aussi tost : c'est la maison d'ung tel ! Le bruit de la chutte des dictes maisons ensemble celle des eaux tant hors que dans la ville donnoient ung grand effrey aux oyants et par malheur la porte de la ville de l'Eglise qui debuoit estre fermée se truua ouuerte et celle de *Saincte Croix qui debuoit estre ouuerte se truua fermée*, que fut cause qu'il y heu plus grande quantité d'eau dans la ville et creu ladicte eau jusques a une heure appres la minuit et tombarent enuiron deux cents maisons toutes ou partie et se noya deux cents grosses bestes tant rossatines, muletines, bouines ou asenines et enuiron mil cinq cens bestes à leyne. Et Dieu permit que le Rosne se truua fort bas, qui fut cause que l'eau auoit grand cours et ne demura gueres dans la ville.

Le grand rauaige de ladicte eau tumba le pont de Sorgues et le terroir dudict Sorgues souffrit un grand dommaige mesmement du cousté du Plan ou emporta tous les grachs (3) et peu s'en fallut qu'il n'arracha les souches des vignes et tumba par terre plusieurs gros arbres comme noyers, figuiéres et tout autre sorte d'arbres.

La riuière du Lauzon fit ung grand dommage à Carpentras et au terroir de Monteaux, lequel auoit arraché une grande quantité d'arbres et *escorgé grand partie du territoire*.

La Nesque, que passe à Pernes, vint si grosse que fit ung grand rauage au terroir duquel emporta presque touts les grachs et rompit le pont de la porte ; seulement demura entiere la chapelle qu'est sur ledict pont (4).

Si l'on pouvait s'accoutumer à de pareils fléaux, Bédarrides devrait en partager l'habitude avec Avignon et Arles. Placé, en effet, au confluent de la Sorgue et de

(1) Le ms. porte *so* [illegible], comme plus haut *auore* pour *auoir*.

(2) Elle était située près de la gare actuelle du chemin de fer.

(3) Terrains de grès.

(4) Minutes de Mᵉ Nicolas Réboutor, notaire à Bédarrides, au commencement du volume des protocoles de 1616, après la *Rubricque sive table alphabétique au presant liure de l'année* 1616.

AIGOVGROSSOV 1616 22 DAOVS

l'Ouvèze, il a ressenti plusieurs fois les terribles effets de leurs crues subites. Sans remonter bien haut, ses archives mentionnent l'inondation de 1737, celle de 1773, — qui renversa le pont situé près de la porte du Poustarlon,—l'inondation extraordinaire du 8 septembre 1788 (*délibérations du Conseil municipal f° 162, BB, n° 7*), qui détruisit la grange communale de Campsac, reconstruite à grands frais, démolit les murs du cimetière et brisa entièrement la porte de la ville. (F° 160).

Mais la plus terrible fut, sans contredit, celle dont le notaire Reboutor nous a raconté les désastres. La municipalité, interprête des sentiments de ses concitoyens, inséra dans les procès-verbaux de ses séances l'expression de leurs angoisses et de leurs douleurs (1).

Elle voulut même faire davantage. Elle décida que l'endroit où les eaux avaient assailli la ville devait garder la mémoire de cet événement. Ce fut près de la porte de l'*Agroumelaïré*, dans le mur du rempart, qu'elle voulut mettre une inscription rappelant, par sa position, le niveau des eaux de 1616 et par son texte succint le souvenir de cette nuit lamentable. Par ses soins, sur six grandes pierres fut sculptée une ligne en lettres énormes, portant ces courtes, mais trop significatives paroles :

| | | | | | |
|---|---|---|---|---|---|
| AIGO | V GRO | SSOV | 1616 | 21 D'AO | VST |

Mieux inspirée que nos modernes municipalités, elle s'était servie, on le voit, de sa langue. Elle était sûre qu'une inscription en provençal serait toujours comprise par ses administrés et probablement elle devait penser, en son gros bon sens, que l'on n'avait pas toujours cette certitude avec de belles inscriptions acadé-

(1) Voyez la mention de ses ravages au registre DD, 23, aux archives de Bédarrides, classés avec tant d'ordre par M. Lautier; voyez aussi BB. n° 7, projet de reconstruire le piérond et un mur le long de l'Ouvèze, allant du pont au portail de l'Agroumelaïre.

miques en latin ou en français dans un pays où personne ne parle ces langues. — Pour n'en citer qu'un exemple, n'est-on pas arrivé au moyen du français à faire prendre pour un marchand d'allumettes le persan Althen dont la statue domine le rocher d'Avignon ?

Maintenant nous sera-t-il permis de raconter une déplorable histoire et d'apprendre à nos lecteurs comment les inscriptions finissent ? Pourquoi pas ? Aussi bien les vandales du XIX$^{e}$ siècle ont droit à la honte qui s'attache à leurs méfaits et qui nous blamera de montrer les coupables du doigt *et diceere hic est !*

La municipalité de Bédarrides avait donc fait ce qui était en elle pour conserver le souvenir d'un épisode aussi marquant de son histoire locale. Belle inscription, pierres énormes, posées officiellement dans les flancs du rempart, à trois mètres de l'Ouvèze, dont le boulevard seul les séparait et à 1 mètre 50 environ au-dessus du sol actuel de ce même boulevard. C'était un endroit public, jour et nuit fréquenté, et il n'était pas d'enfant qui n'en vînt épeler les lettres, dès que sa taille lui permettait d'atteindre cette grande ligne qui l'intriguait.

Qui eût pu penser qu'un jour, en plein soleil, et en plein dix-neuvième siècle, — ce siècle si stupide, qui se targue si insolemment du progrès et qui ne le place que dans un fil de fer, une marmite à vapeur, ou dans une douzaine de mots à effet qu'il entend tout de travers ou qu'il n'entend pas du tout, — qui eût pu penser, dis-je, qu'un habitant de Bédarrides se moquerait de la municipalité et de ses intentions, n'aurait cure ni du public ni de son monument, oserait enfin détruire cette inscription respectable qui avait déjà bravé les siècles et traversé intacte les années néfastes de la Révolution ?

Et cependant ce que l'on n'eût pu penser est arrivé, tant il est vrai qu'il ne faut jurer de rien.

L'aventure en est telle :

Derrière le rempart qui portait cette inscription se trouvait un café, possédé par le sieur Ch***. C'était sous l'Empire, et l'on sait l'intérêt particulier que l'Empire portait à la multiplication et à l'extension de ces sortes d'établissements : le fisc, sinon la société, y trouvait son compte. Donc, vers 1860, le sieur Ch. éprouva le besoin d'embellir, d'orner, d'agrandir son café. L'administration lui donne toute facilité. Le rempart le gênait, il démolit le rempart; il rencontre la fameuse inscription, il démolit l'inscription, et ainsi de suite jusque à parfaite installation de ses tables et de son billard.

Eut-il conscience de son méfait? Ne l'eut-il pas? Question difficile. Cependant il sembla comprendre que ce n'était pas bien : au lieu de faire jetter au loin ces pierres avec les autres, il les garda dans sa cour, et pour apaiser peut-être les remords de sa conscience, il se promit de rétablir ce qu'il avait détruit. A quelle époque, on ne l'a jamais su.

Cependant les six pierres gisaient là, par terre, dans la cour, muettes, loin de ces enfants qui venaient jadis curieusement les interroger. Entre nous, je crois même qu'elles commençaient à géner.

Bientôt les vendanges arrivent. Quel rapport peuvent avoir, allez-vous dire, les vendanges avec ces pierres? Va-t-on s'en servir pour fouler le raisin? Assurément non, c'eût été trop pénible; mais peu s'en est fallu, comme on va le voir.

Le compère M***, — un voisin, — préparait ses *eisino*. Sa cuve n'était pas trop bien assise et pour l'établir solidement, il lui aurait fallu quelques grosses pierres de taille. Il cherche, cherche : pas une chez lui; enfin, un trait de lumière l'illumine : tiens, dit-il, le compère Ch. en a plusieurs dont il ne fait rien dans sa cour; il ne me les refusera pas. Sitôt dit, sitôt fait, et bientôt sa *tine est calée* à souhait. En prit-il une, deux, trois, quatre? personne, pas même lui, n'en sait rien.

Puis, les gouttières, faisant des trous dans la cour de Ch. le restant fut bientôt employé à recevoir l'eau pluviale et préserver le sol de ses excavations. Ajoutons, pour être juste, que la surface gravée fut retournée — dans un intérêt de restauration future, probablement, — et que la pluie était reçue sur la face qui ne présentait aucun intérêt.

Ce fut sur ces entrefaites que nous arrivâmes, recherchant curieusement cette inscription, et trouvant enfin, loin de sa place, *disjecti membra lapidis*, les deux morceaux copieusement arrosés par les gouttières Quant aux autres, les faibles souvenirs du compère M. et des recherches dans un tas de pierres n'ont point suffi pour les retirer du néant.

Faute de mieux, nous estampâmes immédiatement les deux survivants, — et c'est là ce qui nous permet d'en donner le dessin fidèle à nos lecteurs. Sur notre demande, on promit de nous les envoyer à nos frais pour être déposés dans un musée. En ceci, reconnaissons-le, le sieur Ch. montrait un bon fonds, et l'on serait tenté de croire qu'il a plutôt soupçonné que compris l'acte de vandalisme dont il se rendait coupable.

La chose se passait en 1871.

Aussi malheureux que sœur Anne, malgré plusieurs lettres de rappel, ne voyant rien venir, nous retournâmes à Bédarrides l'année suivante. — Et ces pierres? demandai-je? Je les cherchai des yeux sans pouvoir les trouver. Un *hélas!* fut la seule réponse. — Me les auriez-vous envoyées? je n'ai rien reçu! — Nouvel *hélas!* Je finis par apprendre que pendant l'hiver le maçon, bâtissant un escalier, avait eu besoin de moellons et qu'il avait precipité mes deux morceaux dans les fondements, sans autre forme de procès !!!...

C'est ainsi que l'an de grâce 1872 une inscription deux fois séculaire a pu disparaître sans laisser d'autres traces qu'un chétif estampage, à moins que le compère Morel ne se décide à retrouver le reste sous son monceau de pierres, ce qui pourrait arriver, mais ce qui, je le crains, n'arrivera pas. Il faudrait pour cela en comprendre l'importance pour tout le pays et je doute qu'il y parvienne ;

Et dire que cela s'est passé pour une inscription signalée, estampée, demandée pour un musée? Que doit-il en être de celles que l'on ne surveille pas? Quand donc une administration dévouée à son pays, à ses souvenirs, à ses monuments, quand donc un administrateur, un maire, puisqu'il faut l'appeler par son nom, se fera-t-il un devoir de léguer intacts, aux générations qui vont suivre, les souvenirs laissés par celles qui les ont précédées?

Voilà comment peu à peu, l'un après l'autre, disparaissent ces témoins du passé. Heureux encore quand un crayon intelligent en a pu fixer l'image, quand une plume pieuse en a pu conserver la mémoire! Mais que d'autres ont disparu sans retour, comme cette inscription provençale de la porte de l'église S. Georges de Vienne, en Dauphiné, si dédaigneusement indiquée par Chorier (1), celle de Saint-Jaume de Marseille, celle de l'Hôpital Sainte-Marthe d'Avignon, où plus d'un vieillard se souvient d'avoir lu les beaux vers attribués par Nostradamus à Bernard de Rascas son fondateur (2). Je ne veux point parler des inscriptions et des monuments antiques : quel livre suffirait à rappeler nos pertes? Mais, pour nous borner aux inscriptions provençales et de ce côté-ci du Rhône seulement, où sont celles de Tarascon (3), d'Arles (4), d'Aix (5), de Saint-Maximin (6), de Villecroze (7), de Die (8)? Ou est cette coupe du roi René conservée jusqu'à la Révolution avec sa légende énigmatique (9)? Ou sont tant d'autres qu'il serait

(1) *Histoire générale du Dauphiné*. — Grenoble, 1661, f°, t. 1, p. 874.

(2) *Les vies des plus célèbres et anciens poètes provençaux*. — Lyon, 1575, 8°, p. 220 et 221. Relevons en passant une légère erreur commise par M. P. Meyer dans ses *Derniers troubadours de la Provence*. — Paris, 1871, 8°, p. 205, note 2. D'après le testament bien connu de ce troubadour, fondateur de l'hôpital d'Avignon, il est bien certain que son prénom etait *Bernard* et non *Bermon*. En ce point au moins Nostradamus est dans le vrai.

(3) Faillon : *Monuments de l'Eglise de Sainte-Marthe à Tarascon*. — Tarascon, 1835, 8°, p. 45. — De Castellane : *Mémoires de la Société archéol. du midi de la France*, t. III, p. 282.

(4) Cf. le *Forum*, 10 mars 1872, article de M. E. Fassin.

(5) Roux-Alphéran : *Les rues d'Aix*. — Aix, 1846, 8°, t. 1, p. 633.

(6) R. P. Vincens Reboul : *Le pèlerinage de Saint-Maximin et de la Sainte-Baume en Provence*. — Marseille, 1673, 2° édition, p. 50 — Id. *Histoire de la vie et de la mort de Sainte Marie-Magdeleine*. — Marseille, 1679, p. 41. — Faillon : *Monuments inédits*, t. 1, col. 1102.

(7) J. B. Disdier : *Description historique du diocèse de Fréjus*. — Draguignan, 1873, 8°, p. 213.

(8) J. C. Martin . *Antiquités et inscriptions des villes de Die, Orange, Vaison, Apt et Carpentras*. — Orange, 1818, 8°, p. 30, n° XII.

(9) Roux-Alphéran : *loc. cit.* 1,345. — Achard : *Dictionnaire des hommes illustres de Provence*, v° Borrilly, etc.

trop long de nommer? tant d'autres que nous ne connaissons même plus? Mais ou sont les neiges d'antan?....

Nous serions heureux si cette expression de nos regrets, et celle de nos vœux pouvaient suggérer à la municipalité actuelle de Bedarrides l'idée de rétablir l'intéressant monument dont nous avons déploré la destruction et la perte.

Qu'elle prenne pour modèle Avignon, son intelligente voisine, dont l'exemple doit l'inspirer. On sait, en effet, que la cloche du beffroi de cette ville datait de 1470 et portait en caractères du temps une magnifique inscription provençale. Elle se cassa par accident et coup sur coup en 1837, en 1856 et en 1859. Que firent les administrateurs? En hommes intelligents et conservateurs des souvenirs locaux ils voulurent que la nouvelle cloche portât l'ancienne inscription. Ils firent plus: on moula les caractères gothiques qui l'ornaient — et qui le méritaient par leur fini, leur élégance et leur galbe artistique. — On les reproduisit avec une fidélité mathématique, et cela à trois reprises différentes! C'est grâce à ces soins artistiques que le curieux qui va visiter *Jacquemard* peut encore se croire en face de la cloche du XV^e^ siècle.

Une inscription moderne rappelle, au dessous, le souvenir de ces refontes et de cette restauration. Elle rappelle en même temps les noms de MM. les maires J.-B. Geoffroy, E. Poncet, P. Pamard, que nous nous faisons un plaisir de citer et de féliciter ici.

Voilà les exemples qu'il faut imiter; on ne saurait en trouver de plus honorables.

Nous avons signalé le mal et le remède. Nous avons fait notre devoir; que Bédarrides fasse le sien et qu'elle nous rende bientôt cette inscription remise en honneur — et à peu de frais, car c'est, en somme, bien petite chose.

Ce serait pour nous la douce récompense de toutes nos fatigues et de tous nos déboires; ce serait un honneur pour l'administration, une gloire pour la ville, et, nous en sommes persuadé, une véritable satisfaction pour tous les enfants de ce beau pays.

Marseille. — Typ. Marius Olive, rue Sainte, 39

# NOTES

POUR SERVIR A

# L'HISTOIRE DE PROVENCE

PAR

V. LIEUTAUD
Bibliothécaire de la ville de Marseille
Membre de plusieurs Sociétés savantes

N° 9

## PROVERBES TOPOGRAPHIQUES PROVENÇAUX.

MARSEILLE
BOY FILS, M. LEBON
Libraires

AIX
MAKAIRE, LIBRAIRE
Rue Pont Moreau, 2

1873

# ONT DÉJA PARU



---

IL PARAIT DOUZE NUMÉROS PAR AN

(Tirés à très-petit nombre)

**Prix pour les souscripteurs : 20 Fr.**

---

PRIX DES NUMÉROS SÉPARÉS :

| | | |
|---|---|---|
| Nºs 2, 6, 7 | Fr. | 2 00 |
| Nºs 1, 3, | » | 2 50 |
| Nºs 4, 5, 8 | » | 3 00 |
| Nºs 9, 10, | » | 1 50 |

# PROVERBES TOPOGRAPHIQUES PROVENÇAUX

Losqu'on a dit que les proverbes sont la sagesse des nations et lorsqu'on les a étudiés au point de vue philosophique, on n'a pas tout dit pour cela, on ne les a pas complètement étudiés.

Il en est, en effet, un grand nombre qui doivent leur origine à un fait dont l'imagination populaire a été vivement frappée et que l'histoire a quelquefois oublié. Il en est qui conservent le souvenir d'un état social disparu, qui transmettent à travers les siècles l'impression faite par un acte remarquable, par les habitudes, les qualités, les vices surtout des individus ou d'un pays.

On ne saurait mieux les comparer, à notre avis, qu'à ces trésors de médailles antiques que le sol recèle longtemps et rend enfin à la lumière. Comme une pièce à fleur de coin, recouverte d'une splendide patine, un proverbe rappelle quelquefois un fait éclatant, dans un magnifique langage. D'autres fois, il faut des recherches pénibles pour en fixer l'origine et le sens : c'est un monument mal conservé. Souvent, même, pareil à la médaille fruste, un œil exercé peut à peine soupçonner le fait qui lui donna le jour.

Les proverbes provençaux n'échappent point à ces observations. Mais si la numismatique ne manque pas d'ouvrages consacrés à l'explication de ses monuments, il n'en est pas de même de la parœmiologie provençale. Si l'on excepte Barjavel (1) — et encore que de fatras ! —

(1) *Dictons et Sobriquets patois des villes, bourgs et villages du département de Vaucluse*. — Carpentras, 1849-1853, in-8°. — Ce volume est bien loin, malgré toutes ses digressions médico-philosophiques, de renfermer tous les sobriquets vauclusiens. L'auteur en a très-peu recueilli oralement.

nous ne possédons absolument rien que des recueils où nos proverbes gisent dans un pêle-mêle qu'aucun souffle ne vient animer (1).

Quelque jour, peut-être, un érudit viendra qui dotera d'un intéressant commentaire tous ces dictons qui courent journellement sur les lèvres du peuple provençal. Qu'il nous soit permis, en attendant, d'en recueillir dans ces courtes pages quelques exemples qui justifient ce que nous venons d'avancer.

L'histoire, par exemple, dit bien que, pendant une de ses courses furieuses à travers le Comtat, le cruel baron des Adrets prit et ruina le village de Saint-Saturnin, le 1er septembre 1562 (2), mais elle reste muette sur les détails de cette catastrophe. Il paraît, cependant, que ce ne fut pas sans quelque résistance de la part des habitants. La tradition raconte qu'ils sortirent en armes, placèrent leur unique canon sur les hauteurs et s'apprêtèrent à une courageuse défense. L'avant-garde ennemie se montrait. La mèche est allumée, et... peut-être effrayée par les mouvements de ces cannoniers improvisés, l'ânesse, attelée à la pièce, s'enfuit en la faisant éclater contre ses propres troupes.

Ce fut le signal de la débandade, car on sait que la démoralisation gagne facilement les milices bourgeoises. Mais l'ânesse, rattrapée aux portes du bourg, paya de sa vie l'escapade. On la pendit haut et court. Aussi, depuis cette époque, les voisins de Saint-Saturnin lui octroyent-ils libéralement la qualification bien méritée de *Penjo-Saumo*.

Ce n'est point là le seul dicton que l'époque si agitée des guerres de religion nous ait laissé.

Lorsque, forcé par l'évidence, un Bas-Alpin se rend au raisonnement de son adversaire, ou que, plus faible, il cède au plus fort, il se console aisément de sa défaite par le souvenir de Mont-Justin : *fau se rèndre*, dit-il,

(1) Voyez-en la courte liste à la fin de ce travail.

(2) (P. Justin) : *Hist. des guerres excitées dans le Comtat-Venaissin, par les Calvinistes du seizième siècle* — Carpentras, 1782, in-12, t. 1, p. 166. — It. édit. Carpentras, 1853, p. 152.

*Mount-Justin se rendet !* Car si, le 9 juin 1589, l'héroïque garnison de ce petit village se rendit, ce ne fut qu'après des prodiges de valeur, pour résister à toutes les forces de La Valette, — qui ne sut pas être humain.

Ce même nom de La Valette ne nous rappelle-t-il pas la phrase consacrée dans le Var, lorsqu'on quitte le petit village de La Valette, près Toulon ? Il ne faut pas beaucoup prier son voisin pour lui faire dire :

Adiéu, La Valeto,
L'ase m foute qu ti regreto (1).

Ce proverbe présente seulement ceci de singulier qu'on a transporté au village — lequel est loin d'être déplaisant — les malédictions lancées, sous cette forme, contre le dur gouverneur de Provence. C'est à la ressemblance fortuite du nom, que le pays doit de garder à jamais la mémoire détestée du frère du duc d'Epernon.

Celle de ce dernier du reste n'est pas parvenue jusqu'à nous entourée d'une plus douce auréole. Qu'une trombe, qu'une tempête, qu'un fléau étende au loin ses ravages, le paysan ne trouvera pas d'expression plus forte pour en dépeindre les désastres que la locution : *A fa mai de mau que Parnoun !* — L'on se rappelle les malheureux efforts de cet ambitieux pour se maintenir contre tous dans son gouvernement de Provence.

Un autre personnage politique de ce temps, non plus un gouverneur mais un *gouvernante*, si l'on peut s'exprimer ainsi, n'a pas laissé un meilleur souvenir parmi nous. Nous voulons parler de Françoise de Foix, protestante, épouse du comte de Tende qui gouvernait

(1) Nous ferons remarquer, en passant, que la locution *l'ase m foute* est aujourd'hui le seul cas où l'on rencontre l'*m* isolé représentant la première personne du pronom régime : l'on sait combien cette forme était fréquente chez les Troubadours. Ce vestige de notre vieille langue peut nous faire comprendre la manière dont on prononçait ces pronoms au XIVe siècle. Il se joint au mot précédent et fait avec lui une puissante nasale que l'on noterait aujourd'hui : *l'asen.*

notre pays au commencement des guerres de religion. On connait le fameux proverbe :

Lou Mistrau, lou Parlament e la Durènço
Soun lei tres flèu de la Prouvènço

S'il faut en croire Brantôme (1) les Provençaux auraient dit, avec un léger changement :

Lou Mistrau, la Coumtesso e la Durènço
Soun lei tres flèu de la Prouvènço

Il faut reconnaître que cette appréciation ne serait que juste si l'on pouvait faire remonter jusqu'à elle, comme on le croyait alors, l'inspiration du mémorable massacre des catholiques de Barjols.

On sait que ceux-ci, sous la conduite de Durand de Pontevès, seigneur de Flassans, ne voulant à aucun prix pactiser avec l'hérésie, résistèrent vaillamment aux troupes du gouverneur commandées par les célèbres huguenots Paulon de Mauvans, Gérénte-Sénas et le baron de Crussol. Après six jours de combat, Barjols fut pris, le 6 mars 1652, six cents soldats massacrés, les prêtres égorgés aux pieds des autels, les églises, les couvents pillés et incendiés. les reliques des saints profanées et brûlées, les femmes, les enfants, les vieillards abandonnés aux fureurs d'une soldatesque fanatique.

Aussi, depuis, pendant tout le demi-siècle de déplorables guerres civiles qui suivit, le cri de *Pago Barjóu!* fut-il le signal des représailles exercées par les catholiques exaspérés, et c'est encore, aujourd'hui, le cri du Provençal qui venge lui-même sa propre injure.

(1) Vies des Hommes illustres et grands Capitaines françois. — Discours 63e, article II, — Œuvres. Paris, 1787. in-8°, t. IV, p.3 — « Il est vray, qu'aux premières guerres, ils le soupçonnèrent un peu de la Religion, à cause de sa femme, la Comtesse de Tende, qui en estoit aussi. Ils disaient alors en leur langue, que trois choses gastoient la Provence, le vent, la Comtesse et la Durance : car les vents, quand ils s'y mettent, sont terriblement grands et font beaucoup de maux au pays : comme la rivière de la Durance, quand elle est grosse et débordée, elle se fait si furieuse et impétueuse qu'elle fait de grands maux »

Mais quittons ce proverbe aux tristes souvenirs et faisons des vœux pour que nous ne revoyions jamais des temps aussi malheureux.

La position topographique des divers pays de Provence a frappé bien souvent l'imagination du peuple qui l'a décrite dans des dictons aussi concis qu'exacts.

Voici par exemple une ancienne place forte, Castelane *la vaillante* — surnom qu'elle doit à un glorieux épisode de son histoire. Elle est placée entre deux rochers, *Destourbe* et le *Roc*, surmonté d'une chapelle dédiée à la Vierge. Le Verdon baigne ses pieds. Le peuple dit :

Se lou Roc èro de froumàgi,
Destourbo, de pan de meinàgi,
E lou Vardoun de flot de vin,
Jamai Castelano la valènto prendriè fin.

Le même proverbe se retrouve, à peu de chose près, à Manosque.

Se lou Mount d'Or èro un froumàgi,
Toutos-Auro, un pan de meinàgi,
E la Durènço de bouon vin,
Jamai Manosco prendriè fin.

Est-ce la vue de cette belle position qui a donné cours au fameux : *Osco, Manosco ?* Ce n'est point impossible, surtout quand on considère la beauté et la fertilité de cet admirable territoire.

Non loin de Manosque, on admire deux pittoresques villages, Dauphin et Saint-Maime — dont le château a vu quatre filles de nos Comtes devenir quatre reines. Ils sont si proches que l'on répond immédiatement. à votre première demande :

Sant-Maime e Daufin
Dansoun au meme tambourin.

Mane n'est guère plus éloigné de Forcalquier, la vieille capitale de l'antique Comté, car on vous apprendra que

Lei galino de Mano fan l'ùou à Four-cauquiè.

On peut en dire autant de Beaucaire et de Tarascon, dont le proverbe dit :

Entre Bèu-Caire e Tarascoun
Noun se pais fedo ni mòutoun.

Une similitude chérie du paysan provençal est, en effet, celle du mouton de son troupeau. Il y compare volontiers son pays et, si la contrée est déjà un mouton et non une vile bête de somme, son petit nid, à lui, en est toujours la meilleure partie. En voici quelques-uns où cette image se fait remarquer :

Se la Franço n'èro un mòutoun,
Prouvènço sariè lou rougnoun.

Chaque pays s'applique ensuite la parabole et se proclame le meilleur. Salon dit :

Se la Prouvènço èro un mòutoun,
Seloun n'en sariè lou rougnoun.

Le Comtat a cette variante :

Se la Coumtat èro un mòutoun,
Cavaioun et Caroumb
N'èn sarien li rougnoun.

Manosque dit encore d'un des quartiers de la ville :

Se Manosco èro un mòutoun,
Lei Capouchin sarien lou rougnoun.

Pour exprimer combien excellent est son pays, le bon patriote a une autre formule : il déclare fou quiconque le quitte. Que nous sommes loin, hélas !, de ce temps où l'on était si attaché à son petit nid que l'on n'en sortait presque pas et que ceux qui en sortaient revenaient presque toujours y passer les années de la vieillesse !... Avignon dit :

Quau se lèvo d'Avignoun
Se lèvo de la résoun.

C'est exactement le proverbe toulonnais :

Qu si lèvo de Touloun
Si lèvo de la résoun.

C'est aussi l'avis du Nîmois :

Quau se lèvo de Nime
Se lèvo de l'ime !

Cassis est non moins content de lui. Qui ne connaît le fameux :

Qu a vist Paris
E noun a vist Cassis
A rèn vist !

Avouons qu'on est volontiers de cet avis lorsque l'on contemple son panorama splendide du haut de la montagne couronnée par la belle église de Sainte-Croix, dont M. le chanoine Coulin a généreusement doté la contrée.

Mais les voisins ne sont pas toujours du même avis. Ils aiment avec une malice sans égale à se moquer des pays qui les touchent, à signaler, exagérer même leurs défauts et découvrir à tous les yeux le coté faible de leur caractère.

Interrogez l'habitant de Cadenet sur les Pertuisiens, il vous répondra sur le champ :

Gènt de Partus,
Fièr e gus.

Le Pertuisien ripostera · *Fela de Cadenet !*

Mais quelquefois c'est plus méchant. Voici par exemple ce que l'on vous dira du Nissart :

Espino poun, roumi estrasso,
Gavouot es fin e Nissart passo !

Il faut se souvenir que, selon le proverbe : *Lou Gavouot n'a de groussiè que la raubo.*

Ceci rappelle le dicton populaire par lequel on caractérise le marchand de Gênes :

Per troumpa'n Judiéu fau quatre crestian ;
Per troumpa'n Ginouves fau quatre Judiéu.

Que serait-ce donc de celui de Chio, puisque d'après le proverbe grec, *il faut sept Génois pour faire un Juif et sept Juifs pour faire un Chiote ?* (1)

Souvent, pour dire plus de mal en peu de mots, on accole ensemble plusieurs pays qui n'en peuvent mais, et dans un clin-d'œil tous leurs défauts physiques et moraux sont méchamment mis en relief : Voici, par exemple, une série de villages voisins d'Apt dont la triste position topographique et les vices plus ou moins réels sont dévoilés sans pitié au moyen de jeux de mots :

A Gouardo, noun t'acouardes,
A Liéus, noun t'allies,
A Mus, noun t'amuses,
A Joucas, noun t'ajouques !

(1) Archives des Missions scientifiques, V. 516.

On dit encore, pour indiquer leur position escarpée :

Se vas à Gouardo, pouarto li tei couardo,
Se vas à Joucas, pouarto li toun jas.

Voici une énumération non moins méchante :

Pipaire de Rougnounas,
Jugaire de Barbentano,
Dansaire de Maiano,
Voulur d'Eirago,
Badau de Tarascoun,
Devot de Gravesoun.

Pour entendre ces trois dernières qualifications il faut savoir que le peuple tient communément : 1° que Eyragues a toujours un pensionnaire aux galères de Toulon et que : *lou plus brave raubè 'no riho ;* 2° que quand Dieu sema les badauds, le sac creva au-dessus de Tarascon et y répandit d'innombrables graines qui ont abondamment fructifié depuis ; 3° que le 27 avril, jour de sa fête, quand les Gravesonais ont besoin de pluie, ils plongent à trois reprises dans le ruisseau des Lônes Saint Anthime leur patron, qui ne manque jamais, dit-on, d'exaucer ces singuliers clients et de se rendre à cette sommation assez originale (1).

Le versant méridional des Alpilles est non moins riche que le coté opposé. On y entend, en effet, assez souvent répéter cette maligne énumération :

Grincho de Seloun,
Richas d'Eiguièro,
Pimpant de Mouriès,
Arrougant de Maussano,
Galato di Baus,
Badau dóu Paradou.

(1) Cf. sur cet usage : J. Grimm : *Deutsche Mythologie*, p. 442 note 2, édit. 1835. — *Romania* II, 127. On en faisait autant jadis à S^t-Agricol, à Avignon.

Les pays de frontières, où la contrebande développe tant de mauvais instincts, ont toujours joui d'une fort mauvaise réputation. En voici la preuve :

Se voues un bouen can pren lou de raço,
Se voues un couquin pren lou à Grasso,
Se n'atroves ges vai-t-en à Vènço,
Tournaras pas sènso !

Au lieu de Vence c'est souvent Fayence qui est chargé d'y pourvoir.

Mais laissons là les critiques et passons aux louanges, en remarquant toutefois qu'elles sont loin d'être aussi nombreuses.

Ce sont d'abord les laborieuses et vigilantes filles de Saint-Maximin :

Lei filho de San Maissemin
Si couchoun tard, si levoun matin;
Saboun seis afaire et aquelei dei vesin.

Puis les merveilles de la Provence :

Castèu de Cagno,
Tourre de Villonovo,
Grand jardin de Vènço,
Tres bellei cavo de Prouvènço.

La petite église de Niozelle est ou était, parait-il, remarquable. Le proverbe suivant nous l'apprend :

Niousello,
Pichoun vilàgi, grand capello.

Apt était aussi renommé pour sa foire, jadis, qu'aujourd'hui par ses confitures et ses chocolats. Aussi, dit-on encor tous les jours :

Santo-Ano-d'At,
Pichoto vilo, grand barat.

Les Provençaux n'ont jamais été insensibles à la beauté et leurs proverbes en font hommage à Arles, Tarascon, Aix et Marseille.

Arle, pèr li fiho. — Tarascoun, pèr li garçoun.

Ou bien :

Bello fumo d'Arle ; — Bèl ome de Tarascoun.

Inutile de dire que ces proverbes sont aussi vrais de nos jours qu'ils le furent à l'époque où ils naquirent.

Terminons cette rapide énumération — que nous pourrions continuer encore longtemps — par quelques petites méchancetés qui rentrent dans le cadre de notre travail.

Voulez-vous échauffer la bile, irriter, exaspérer les habitants du village ?

Demandez bien naïvement :

A Pourcieux : *Coumo li dién a-n-aquest vilagi ?...*

A Morières, près d'Avignon : *Li mousco, pougnoun ?...*

Et à Gonfaron, dans le Var : *Quant es d'ouro ?...* (1).

(1) Allusion à un événement dans le genre de celui de *Bertran d'At*, raconté dans l'*Armana Prouvençau* de 1866, p. 79, et du bœuf que les habitants de St-Ambroix (Gard) voulurent faire voler un jour. Cf. l'intéressant poème : *Volo, Biòu !* d'Arnavielle ; Alais, 1873.

---

**Note bibliographique.** — Voici les recueils de proverbes provençaux connus :

I. *La bugado prouençalo vounté cadun l'y a panouchon, enliassado de proverbis sentencis, similitudos et mouts per riré en prouençau par A, B, C.* — Aix, J. Roize, 1649, in-32, de VI-195 pp.

*Contrefaçon* de ce livre faite à Marseille, par Claude Garcin, peu de temps après. Il en a allongé le titre par les mots : *Enfumado e coulado en un Tineou de dés soüs. Per la lauar, sabounar é eyssugar coumo sé déu*, in-16 de 96 pp. s. l. n. d. On la trouve souvent reliée avec la 1re édition du *Jardin deys Musos* de 1665.

2e *édition* imprimée dans le *Jardin deys Musos provençalos* de 1666, in-16, pages 263-372.

3e *édition*, un vol. in-12 de 101 pp. dans la *Bibliothèque provençale*, de Makaire. Aix, 1859.

II. *Recueil de proverbes provençaux, nouv édit. revue, corrigée et augmentée* (par Cartelier). — Aix, R. Adibert, 1736, in-12 de 52 pp.

III. *Recueil de proverbes ou sentences populaires en langue provençale* (par l'abbé Vigne). — Brignoles, 1821, in-18.

Il paraît qu'il existerait encore un rarissime recueil — peut-être dû à Jean de Cabanes — in-32 de 200 ou 300 pp. et dont le ms. bien connu de ce dernier ne serait que la copie. Toutefois, ce livre n'ayant été qu'entrevu par un de nos bibliophiles les plus distingués, il est difficile d'en dire autre chose. Avis aux collectionneurs provençaux !

Inutile de parler de proverbes disséminés. On en rencontre un peu partout : dans les dictionnaires, la *Statistique des Bouches-du-Rhône*, les ms., etc., etc. Nous devons toutefois une mention spéciale à la collection que Sauvages et Garcin ont donnée avec leur travail lexicographique.



Marseille. — Typ. Marius Olive, rue Sainte, 39.

# NOTES

POUR SERVIR A

# L'HISTOIRE DE PROVENCE

PAR

V. LIEUTAUD

Bibliothécaire de la ville de Marseille
Membre de plusieurs Sociétés savantes

N° 10

## LES PÉAGES DU COMTÉ DE FORCALQUIER

AU XIII^e^ SIÈCLE

MARSEILLE
BOY FILS, M. LEBON
Libraires

AIX
MAKAIRE, LIBRAIRE
Rue Pont Moreau, 2

1873

## ONT DÉJA PARU

N° 1. Elections municipales à Berre (B.-du-R.), 6 janvier 1396.

N° 2 Un Diner officiel à Jonquières (Vaucluse), 17 février 1725.

N° 3. Vente de la ville de Moustiers (B.-Alpes), 27 mars 1313.

N° 4. Lou Rouman d'Arle, fragment d'un poème provençal inédit.

N° 5. La Croix de Provence et la Croix en Provence.

N° 6. Le Pape Léon X, archevêque d'Aix, 8-20 juin 1483.

N° 7. A. de Ruffi et P.-J. de Haitze, Correspondance inédite.

N° 8. Discovrs prodigievx de ce qvi est arrivé en la comté d'Auignon avec

9. Proverbes topographiques provençaux.

10. Les Péages du comté de Forcalquier au XIII^e siècle.

---

### IL PARAIT DOUZE NUMÉROS PAR AN

(Tirés à très-petit nombre)

**Prix pour les souscripteurs : 20 Fr.**

---

PRIX DES NUMÉROS SÉPARÉS :

| | | |
|---|---|---|
| N^os 2, 6, 7 | Fr. | 2 00 |
| N^os 1, 3, | » | 2 50 |
| N^os 4, 5, 8 | » | 3 00 |
| N^os 9, 10, | » | 1 50 |

# NOTES

POUR SERVIR A

# L'HISTOIRE DE PROVENCE

PAR

V. LIEUTAUD
Bibliothécaire de la ville de Marseille
Membre de plusieurs Sociétés savantes



## N° 10

## LES PÉAGES DU COMTÉ DE FORCALQUIER

AU XIII$^e$ SIÈCLE

MARSEILLE
BOY FILS, M. LEBON
Libraires

AIX
MAKAIRE, LIBRAIRE
Rue Pont Moreau, 2

1873

Tiré à 100 exemplaires sur papier ordinaire
« à 5 *exemplaires sur papier de Hollande.*
« à 2 exemplaires sur papier de couleur.

N° [redacted]

# LES PÉAGES DU COMTÉ DE FORCALQUIER

## AU XIIIe SIÈCLE

L'un des documents les plus précieux conservés aux archives de Manosque est sans contredit le fameux *Livre des Privilèges*, où tous les historiens de cette ville ont puisé à pleines mains.

C'est un ms. in-4° de 177 feuillets en parchemin dont la transcription remonte à l'an 1315. Il contient un grand nombre d'actes, accompagnés de leur traduction en provençal *ad aquels d'aquellas universitatz que non sabon legir latin*. Cette traduction est due à maitre Audebert Gauzis, notaire à Manosque en 1293, comme il résulte de cette note : *Yeu ditz notaris la davant dicha composition de latin transportiei en aquest romans al mieills qu'ieu püesc, e si deguna cauza y a à corregir que non sia ben romansada josta lo latin, non m'o tenrai à mal si denguns m'o esmenda quar en obra humana non a deguna cauza complida.* (1).

La charte que nous offrons aujourd'hui à nos lecteurs si elle n'est pas inconnue (2), est du moins encore inédite.

Au point de vue philologique, le texte provençal est

(1) Nous devons ces renseignements à M. D. Arbaud que nous ne saurions trop remercier ici pour son obligeance à notre égard.

(2) Cf. Gallia christiania : I. 489, — Columbi : Manuasca, liv. II, 47, etc., etc.

une pièce importante dont l'étude est rendue facile par le texte latin qui l'accompagne.

Au point de vue historique, ce document est non moins précieux. Il nous permet de nous rendre compte de ce qu'était le comté de Forcalquier à ce moment critique de nos annales où la première dynastie angevine commencée par le frère de Saint Louis, — l'ambitieux Charles d'Anjou,—allait peu à peu nous mettre à l'unisson de Paris, en nous enlevant tout ce qui donnait à la Provence une physionomie à part au milieu des états du midi de l'Europe.

On pourra se rendre compte, au moyen de la curieuse énumération donnée par cette pièce, de la féodalité provençale en 1253 dans le comté de Forcalquier ; des voies suivies par le commerce — voies en grande partie romaines, — que les péages, justes ou injustes, barraient à l'envi, ce qui motiva le jugement rendu par les juges de la comtesse Beatrix, — et notre charte qui en est l'expédition.

Il serait bien intéressant d'étudier et d'éclaircir les questions si complexes soulevées par ce document. Nous ne le pouvons ici. Nous nous contenterons de donner un texte fidèle. Puisse-t-il servir au futur historien qui nous retracera les vicissitudes du comté de Forcalquier ! C'est un vœu ardent que nous formons et que nous serions heureux de voir réaliser un jour par quelqu'un de nos lecteurs.

Ne se trouvera-t-il donc personne, pas un patriote, pas un enfant du pays pour nous donner une histoire si négligée jusqu'à ce jour?

(f° lxxxix) Dels pezages de novell atrobatz e cregutz, e d'aquellos que remaner devon en aquesta carta se determena.

En nom del Paire e del Filh e del Sant Esperit, amen. M.e CC.LIII. la uchena idus d'ochoire (*sic*). Con grans clamors sovenieramens venguessa a la cort de ma dona la Comtessa enes qualre en la vida de mosenhor lo Comte aisso fossa mot deves a mo senhor lo Comte et a la siena cort denunciat sobre aquo que polverages o pezages de novel contra Dieu et contra drechura el comtat de Forcalquier eran atrobat e se prenian tot iort non degudamens e non drechuriera (1) e sobre aisso ma dona Biatris, per la gracia de Dieu Comtessa de Provensa, d'arsivesques, evesques, predicadors e menors et autres relegios e nobles castellans e cavalliers e prohomes del Comtat et dallons sia aguda motas ves amonestada e requista et encolpada quar aitals exactions sostenia illicitas et non drechurieras e ques aquellas fezessa remanir et especialmens los polverages els pezages novels e lo creiscement dels viells et aisso especialmens se dizia a Castel Nou el bosc de Sant Donat, el castel de Vols, el castel de Peira vert et a Santa Tulia, el castell de la

(F° xxiv v°) De pedagiis de novo adinventis et agmentatis et de illis que remanere debent in hoc instrumento determinatur.

(F° xxv) In nomine Patris et Filii et Spiritus Sancti, amen. M. CC. quinquagesimo tercio, VIII idus octobris. Cum clamor validus sepe et sepius pervenisset ad curiam domine Comitisse, et eciam in vita domini Comitis hoc fuisset ipso domino Comiti et ejus curie pluries denunciatum, super eo videlicet quod polveragia et pedagia de novo contra Deum et justitiam in comitatu Forcalquerii fuerant adinventa et capiebantur cotidie indebite et injuste, et super hec domina B., Dei gratia comitissa et marchionissa Provincie, ab archiepiscopis, episcopis, predicatoribus et minoribus et aliis viris religiosis et nobilibus castellanis et militibus et probis viris comitatus et aliunde fuerit pluries amonita et requisita et inculpata quod hujusmodi exactiones sustinebat illicitas et injustas et quod eas faceret remanere et specialiter omnia polveragia et pedagia nova et incrementum veterum et hoc specialiter dicebatur quod in Castro novo in nemore sancti Donati, in castro de Vols, in castro Petre viridis et in Sancta Tulia et in cas-

(1) On remarquera la coutume de ne pas ajouter la syllabe finale *mens* au second adverbe. Cet usage est constant.

Torre, a Vitrola, el castell de Sant Martin, el castell de Lus marin, en la Bastida dels Iordans, el castell de la Balmeta, et en motos autres castells del Comtat eran de novell (v°) pezage atrobat e polverage se prenian en motz luecs sens justa e razonabla cauza et contra razon e drech e costuma. E sobre aisso eran demandas perufertas a la cort, de las quals li tenors el cartolari de la cort se conte. Et enaissi ma dona li Comtessa vezens e consirans que sos ufizis e de cascuna persona que senhoria o regis aperten aitals exactions illicitas de devedar e de novell pezages atrobatz sens comandament del apostoli o d'enperadors o de reis, o per trasque longa costuma de laqual memoria non esta en contrari, deia vedar e tant con pot remoure.

E donet a mi, Robert de Lavena, doctor de leys, juge sieu, fermamens, en mandemens appellatz barons e nobles homes losquals tota aquist cauza enquizition fezessa diligentmens per tot lo comtat de Forcalquier qual eran pezage just et antic, e que eran pezage de novell atrobat, e qual eran vielh que eran cregut sens justa cauza ; e si degun ni avia que se prezessan non drechurieramens que pertenguessan ad ella o ad autre que non fossan drechurier se deguessan cassar et d'aissi enant

tro de Turri[1], in Vitrola, in castro Sancti Martini, in castro Lucis marini[2], in Bastida Jordanorum, in castro Balmete[3] et in multis aliis castris comitatus erant de novo pedagia adinventa et polveragia capiebantur in multis locis sine justa vel racionabili causa et a jure vel racionabili consuetudine approbata, et super hoc erant eciam postulationes porrecte curie, quarum tenor in cartulario curie continetur. Et sic domina Comitissa predicta, considerans et videns quod officium (v°) suum et cujuslibet dominantis vel regentis interest exactiones illicitas prohibere et de novo pedagia adinventa sine jussu Summi Pontificis, vel imperatoris, vel regum, vel longissima consuetudine cujus non extat memoria vetare et penitus abolere, dedit mihi, Robberto de Laveno, legum doctori, judici suo, firmiter, in mandatis vocatis baronibus et nobilibus et aliis hominibus quos res tangit superius memorata, inquisitionem facerem diligenter et totum comitatum Forcalquerii que erant pedagia justa et antiqua et toleranda et que erant de novo adinventa et que erant vetera que receperant sine justa causa incrementum et si qua etiam ad ipsam pertinebant que injuste caperentur ut sua primo et alia per consequenciam que essent injusta cassarentur et de cetero nullatenus caperentur

(1) La Tour-d'Aigues, dans le département de Vaucluse.
(2) Lourmarin, *ibid.* (3) Les Baumettes, *ibid.*

non se deguessan penre, mas se deguessan vedar ad aquellos que los prenian non drechurieramens. Per la qual cauza ieu Robbertz, del mandament de la dicha madona la Comtessa ad inquisition sobre aquellas cauzas a far a totz per lo dich baille e per mi totz aquells los quals li cauza toca et especialmens (f° LXXXX) ma dona Mabilia, Comtessa de Forcalquier e dona de Castel-nou, e ma dona Rossa d'a-z-At et de Sant Donat, e mo sen Bertrand Raibaut son filh, els filhs de mo sen Guizet de Sumiana, e mo sen Gauchier, senher de Sezeresta, e mo sen Raimon de Mezolho, e mo sen Rayne, senher de la Torre, e mo sen W. de Pertus, e mo sen Iostas, senher de Puey pi, e los senhors de Vols, e los senhors de la Bastida, el senhor de la Balmeta, e los senhors de Rellana, els senhors de Sant Vincens, e generalmens totz los autres que prenon pezages o polverages el Comtat de Forcalquier. Losquals citatz et amonestatz e peremptoriamens que lur dretz mostressan, e receupudas garentias dignas de fe, atrobat es manifestamens et apert que li pezage de Pertus e de Lebrinhana e de Peirueis, e de Pueypi, e de Sezeresta son antic e drechurier e de tant de temps que non ista me-

set prohiberentur hominibus capientibus injuste et de cetero abstinerent, et hoc firmiter et districte.

Et eapropter ego, Robbertus, de mandato dicte domine Comitisse et de voluntate domini Fulconis de Podio Ricardo, bajuli dicte domine Comitisse, accessi ad inquisitionem super predictis omnibus faciendam, citatis primo per dictum bajulum et pro me omnibus quos res tangit et specialiter domina Mabilia, comitissa Forcalquerii et domina Castri novi, et domina Rocia, domina Apte et Sancti Donati, domino Bertrando Raybaudo ejus filio et filiis domini Guideti de Simiana, et domino Gaucherio domino Sesariste, et dno Raymundo de Medullione[4] et (F° XXVI) dno Raynone, dno de Turri,[5] et domino Guillelmo de Pertusio, et domino Jostacio domino Podii pini et dominis de Vols et dominis de Bastida et dominis de Balmeta et dominis de Relania et dominis Sancti Vincencii[6], et generaliter omnibus aliis capientibus pedagia vel polveragia in comitatu Forcalquerii

Quibus citatis et amonitis pluries et peremptorie ut jura sua ostenderent et receptis testibus fide dignis, repertum est manifeste et aperte quod pedagia Pertusii et Librinane et Petrosii et Podii pini et Sesariste[7] sunt antiqua et justa et tanti temporis cujus non

(4) Mevouillon, dans la Drôme. (5) La Tour-d'Aigues, dans Vaucluse.

(6) Saint-Vincent, sur les bords du Jabron, dans les Basses-Alpes.

(7) Pertuis, dans Vaucluse ; Labrillane, Peyruis, Peypin, Ceyreste, dans les Basses-Alpes.

moria, enes qual re a Sestaron et a Manoasca antigamens pezages se prenia, e que tuc li autre pezage e polverage que son e se prenon el comtat de Forcalquier son de novell, apres la mort del comte W. de bona memoria non drechurieramens e non deguda son atrobat.

A la perfin, ma dona la Comtessa, volens procezir en aquestas cauzas segon Dieu et drechura, am lo conselh de motz savis se deia mielis far et esser plus ferm, preguet mo sen Ymbert e comandet a mo sen Folco de Puey Ricart, baille sieu, et a mo sen Jaufre de Tarascon, juge (v°) sieu, et a mo sen Artout, senhor de Venellas, et a mi, Robbert, quevenguessem a Forcalquier ad examinar diligentmens aquest negoci et tota la enquisition sobre aquo facha de conselh de prohomes tant de religios quant de savis en drech que bonamens poguessem aissi com devem totas aquestas cauzas determenar e detriar los novells pezages e polverages dels antics et establir e jujar e definir aissi con a nos sera vejaire d'esser just sostenent los nobles, els cavalliers, els prohomes en lur drech am deguda razon. D'aissi es que nos evesques e nos autre de la cort de ma dona la Comtessa, examinatz am diligencia las garentias e totas las razons e las autras

extat memoria, et eciam in Cistarico et Manuasca antiquitus pedagium capiebatur et quod omnia alia pedagia et polveragia que sunt vel capiuntur in comitatu Forcalquerii sunt de novo post mortem comitis Guillelmi bone memorie injuste et indebite adinventa.

Tandem dna Comitissa predicta super hiis volens procedi secundum Deum et justiciam et consilio multorum sapientium, considerans quod de consilio multorum peritorum debeat melius fieri et magis debeat esse firmum rogavit dominum episcopum sistaricensem videlicet dominum Ymbertum et precepit dominis Fulconi de Podio Ricardo, bajulo suo, et domino Gaufredo de Tarascone, judici suo et domino Artoudo, domino de Venellis, et michi Robberto ut, accedentes ad locum Forcalquerii et examinantes diligenter negocium supradictum et totam inquisitionem super hoc factam, de consilio proborum hominum (v°) tam religiosorum quam peritorum in jure quam bono modo possemus et debemus predicta omnia terminare et discernere nova pedagia et polveragia ab antiquis et statuere et judic·re et diffinire secundum Deum et justitiam ut nobis videbitur esse justum, sustinendo nobiles et milites et probos homines in jure suo et debita ratione.

Hinc est quod nos, dominus episcopus, et nos, alii de curia domine Comitisse superius nominate, examinatis cum diligencia omnibus cauzas de sa et de la prepauzadas et agut conselh de Frayres Menors e del prebost de Forcalquier e de motos autres savis so es asaber de mo sen W. Garnier, juge d'Ayx, de mo sen P. Bret, juge de mo sen Gauchier, e de W. de Lerida, juge dels consols d'At, e de R. Aubert, juge de Manoasca e de Relhana, e de mo sen Tibaut Berbeguier, juge de ma dona Ermercen, e de mo sen Girart, juge de Pertus, e de mo sen Aimeric, juge de mo sen Raine, dizem e pronumciam que li pezage de Pertus e de Lebrinhaua, e de Peiruyeis, e de Pueypin, e de Sezeresta son drechurier et antic et aquill deian remanir ad aquellos de cui son, sal que s'enquera si son de ren cregut o alcunas novelletatz i son fachas. Et aquo que de novell i sera fach si deia anullar (f° LXXXXI) e se deia reduire a la premiera maniera et a l'antiga, e sal de las franquezas lasquals dizon ques an li home de Forcalquier e de Manoasca e de Bell mont, e de Mont Justin per l'autreiament dels comtes ad els fach. Totz los autres pezages e polverages et especialmens de Castel nou de Sant Donat, e de Vols, e de Relanha, e de Sant Martin, e de Carluec, e de Peiravert, e de Santa Tulia, e de Santa Margarida, e de la Torre, e de la Bastida dels

racionibus et textibus et aliis hinc et inde propositis et habito consilio eciam Fratrum Minorum et prepositi Forcalquerii et multorum peritorum, scilicet domini Guillelmi Garnerii judicis aquensis, dni P. Briti judicis domini Gaucherii et Guillelmi de Lerida judicis consulum aptensium et Raymundi Albert judicis Manuasce et Relanie et domini Tibaudi Berbeguerii judicis dne Ermeceudis et dni Girardi judicis Pertusii et dni Aymerici judicis dni Raynonis dicimus et pronunciamus pedagia Pertusii et Lebrinanie et Petrosii et Podii pini et Sesariste just · et antiqua esse et illa debere remanere illis quorum sunt, salvo quod inquiratur si in eis facta sunt aliqua incrementa vel alique novitates et quod de novo factum fuerit irritetur et reducatur in modum pristinum et antiquum et salvis alias de libertatibus quas dicunt se habere homines Forcalquerii et Manuasce et Bellimontis et Montis Justini et ex concessione Comitum eis facta.

Et omnia alia pedagia et polveragia et specialiter Castri Novi Sancti Donati et de Vols (f° 27) et Relanie et Sancti Martini[8] et Carlloci[9] et Petre viridis et Sancte Tulie et Sancte Margarite[10] et de Turri

(8) S. Martin de Castillon, qu'on ne doit pas confondre avec S. Martin de la Brasque, qui suit. Ces deux localités font aujourd'hui partie de l'arrondissement d'Apt.

(9) Carluec, lieu situé entre Reillane et Ceyreste.

(10) S. Marguerite, arrière-fief situé dans la commune de Pierrevert.

Jordans et de Vitrola, et de Sant Martin de la Brasca, e de Lus marin, e de la Balmeta, e de Sant Vincens que se prenon el comtat de Forcalquier quassam e pronunciam esser non degutz e non drechuriers, e que d'aissi enant li cortz devede fermamens e destrecha ques els luecs sobre ditz del comtat de Forcalquier, eisceptaz aquellos que de sobre es dich que son antic pezage e que se prenian antic pezage, non s'en prenan d'aissi enant pezages, polverages ni alcuns mals uzages. E tota persona que contra faria aissi con franheires de camin public sia punitz, aisso salv que si alcun dels davant ditz senhors pot proar per estrumens o per cartas publicas o per garentias sens sospiecha, en la cort de ma dona la Comtessa, prezent son juge, que drechurieramens puesca penre pezage els ditz luecs entro a la festa de Kalenas que li cortz de ma dona la Comtessa los auja e definisca so que sera just, non contrastant so que de sobre es dich (v°) et en aquest miech remangan li pezage e polverage et que en deguna maniera polverage non se prenan de bestias que vagan per camin.

Si enpero bestias grossas o avers menuts fazia tala, aquella esmende ; e si jassia o passia en terrador d'alcun castell le senhers aia d'aquell aver, per lo pasquier o per lo jasser, aissi con dessotz se conte, so es a saber de .V.

et Bastide Jordanorum et Vitrole et Sancti Martini de Brasca et Lucis Marini et Balmete et Sancti Vincencii, que capiuntur in comitatu Forcalquerii cassamus et pronunciamus indebita et injusta et quod ab eis sit penitus abstinendum et quod de cetero curia prohibeat firmiter et districte quamdiu locis predictis vel in alio loco comitatus Forcalquerii, exceptis illis de quibus dictum est superius quod antiquitus pedagia capiebantur, non capiantur amodo aliquod pedagium vel polveragium vel aliquod malum usaticum, et quicumque contrafaceret tamquam fractor camini publici puniatur, hoc salvo quod si aliquis predictorum dominorum probare poterit per instrumenta publica vel per testes omni suspicione carentes in curia domine Comitisse, presente judice suo, quod juste possit capere pedagium in locis predictis usque ad festum Nativitatis Domini quod curia domine Comitisse eos audiat et diffiniat quod justum fuerit, non obstante quod superius dictum est, et interim tamen remaneant predicta pedagia et polveragia et quod nullo modo de cetero polveragia capiantur et de bestiis vel animalibus euntibus per caminum.

Si autem animalia grossa vel avere minutum faceret talam, illam emendet ; et si jacet vel pascatur in territorio alicujus castri, dominus habeat de dicto avere pro pasquerio vel pro jacere prout trentaniers .I. mouton e non plus, quant que i agues d'aver, salvas enpero las franquezas donadas als luecs religiozes et ad autras personas que de drech non son tengudas.

E si alcuns en so miey, entro que fossa proat, prenia alcuna cauza els luecs sobre ditz devedatz, non sia auzitz d'aqui en la a proar deguna cauza, sobre lodich pezage.

Fachas son aquestas cauzas prezens mo sen Gauchier, senhor de Sezeresta ; mo sen Rayne, senhor de la Torre ; mo sen R. de Mezolho ; mo sen Girart, precurayre de mo sen W. de Pertus ; mo sen P. Arnols, istans per los fills de mo sen Guizet, e per mo sen Bertran Raymbaut ; mo sen W. e mo sen Raymbaut de Vilamurs ; mo sen Rodrigo Jostas ; mo sen Giraut de Bel mont, Bertran de Vilamurs ; mo sen Laugier de Forcalquier ; Raybaut de Chalentes ; R. Tiol ; Ysnart Borzeza ; W. Augier ; Bertran Gantelmi, baille de Forcalquier ; W. Raymon, drapier ; Vila vielha, senher del Puget ; Milet e Boyssiera, senhor de Garenboze ; Pons Lions, cavalliers ; W. Bossal-(f° LXXXXII)-mo de Peirarua ; Bertran de Forcalquier, cavallier; W. de Mostiers, de Peiravert : Panabou, senhor de Val-boneta ; P. Gasselm, Gasc e P.

inferius continetur, scilicet de quinque trentenariis (v°) unum mutonem et non plus, quotquot sint, salvis tamen libertatibus datis locis religiosis et aliis personis que de jure tenuerunt. Et si aliquis interim, donec esset probatum, caperet aliquid in locis predictis prohibitis, non audietur de cetero ad aliquid probandum super dicto pedagio.

Acta sunt hec presentibus dño Gaucherio dño Sisariste, dño Raynone dño de Turri, dño Raymundo de Medullione, dño Girardo procuratore dñi Guillelmi de Pertusio, dño P. Arnulpho procuratore existente pro filiis dñi Guideti et pro dno B. Raybaudo, dno Guillelmo et dno Raybaudo de Villamuris, dno Rodrigo Jostacio, dno Giraudo de Bellomonte, Bertrando de Villamuris, dno Laugerio de Forcalquerio. Raybaudo de Carantesio, Raymundo Tiolo, Ysnardo Borzezia, Guillelmo Augerio, Bertrando Gantelmo bajulo Forcalquerii, Guillelmo Raymundo draperio, Villa vetere dno de Pugeto, dno Jacobo de Alvernico, Mileto et Boxeria dnis de Garanbodio[11]. Poncio Leoncio milite, Guillelmo Gossalmo de Petrarua, Bertrando de Forcalquerio milite, Guillelmo de Mosteriis, de Petra viridi, Pannaboue dno Valbonete[12], Petro Gacelmo,

(11) Graïmbois, dans Vaucluse.
(12) Valbonette, arrière-fief situé dans la commune de Lambesc (Bouches-du-Rhône).

Cornut, senhor de Mont Justin ; Bertran Gasselmi ; W. d'Ubagas, capellan ; Olivier dels Onegues ; P. d'Auriol e R. Girart, notaris ; Bertrand Peyre, de Manoasca ; Giraut Veirier, e motos autres e mi W. Bossalmo, notari el comtat de Forcalquier, lequals per lo mandament de mo sen Folco, baille, et de Messier Robbert, juge, aquesta carta ay escrich e mon senhal i ay pauzat.

Gasco et P. Cornuto dnis de Monte Justino, Bertrando Gacelmo, Guillelmo de Ubagiis sacerdote, Olivario de Alzonicis[13], Petro de Auriolo et Raymundo Girardo notariis, Bertrando Petro de Manuasca, Giraudo Veyrerio et pluribus aliis (f° xxviii) et me Guillelmo Gossalmo notario in comitatu Forcalquerii publico, qui, mandato dni Fulconis bajuli et dni Robberti judicis, hanc cartam scripsi et signum meum apposui.

(13) Les Orgues, ancienne communauté qui, réunie depuis à celle de S. Etienne dans les Basses-Alpes, a laissé à ce pays le nom actuel de S. Etienne-les-Orgues.

arseille. — Typ. Marius Olive, rue Sainte, 39.

# NOTES

POUR SERVIR A

# L'HISTOIRE DE PROVENCE

PAR

V. LIEUTAUD

Bibliothécaire de la ville de Marseille

Membre de plusieurs Sociétés savantes



**N° 11**

LA REDITION DU CHASTEAU DE GAVY (VAR) — XVI^e SIÈCLE

MARSEILLE
BOY FILS, M. LEBON
Libraires

AIX
MAKAIRE, LIBRAIRE
Rue Pont Moreau, 2

1873

# ONT DÉJA PARU

N° 1. Elections municipales à Berre (B.-du-R.), 6 janvier 1396.

N° 2. Un Diner officiel à Jonquières (Vaucluse), 17 février 1725.

N° 3. Vente de la ville de Moustiers (B.-Alpes), 27 mars 1313.

N° 4. Lou Rouman d'Arle, fragment d'un poème provençal inédit.

N° 5. La Croix de Provence et la Croix en Provence.

N° 6. Le Pape Léon X, archevêque d'Aix, 8-20 juin 1483.

N° 7. A. de Ruffi et P.-J. de Haitze, Correspondance inédite.

N° 8. Discovrs prodigievx de ce qvi est arrivé en la comté d'Auignon avec pl.

N° 9. Proverbes topographiques provençaux.

N° 10. Les Péages du comté de Forcalquier au XIIIe siècle.

N° 11. Reddition du chasteau de Gavy (Var). — XVIe siècle.

N° 12. Les Criées municipales à Marseille. — Décembre 1319.

N° 13. La Saint-Antoine à Mornas (Vaucluse).

IL PARAIT DOUZE NUMÉROS PAR AN

(Tirés à très-petit nombre)

**Prix de l'année courante : 10 Fr.**

PRIX DES NUMÉROS SÉPARÉS :

| | | |
|---|---|---|
| N°s 9, 10, 13 | Fr. | 1 50 |
| N°s 2, 6, 7, 11 | » | 2 00 |
| N°s 1, 3, 12 | » | 2 50 |
| N°s 4, 5, 8 | » | 3 00 |

# NOTES

POUR SERVIR A

# L'HISTOIRE DE PROVENCE

PAR

V. LIEUTAUD
Bibliothécaire de la ville de Marseille
Membre de plusieurs Sociétés savantes



N° 11

## LA REDITION DU CHASTEAU DE GAVY (VAR) — XVI^e^ SIÈCLE

MARSEILLE
BOY FILS, M. LEBON
Libraires

AIX
MAKAIRE, LIBRAIRE
Rue Pont Moreau, 2

1873

Tiré à 100 exemplaires sur papier ordinaire
« à 5 exemplaires sur papier de Hollande.
« à 2 exemplaires sur papier de couleur.

N° [redacted]

# ARREST DONNE'
# PAR LA COVR DE
## PARLEMENT DE PROVENCE,

les Grand Chambre, et
Tourneile assemblees.

*Contre les coulpables et criminels de leze Majesté, à la redition du Chasteau de Gauy.*

A AIX,
Par Iean Tholosan, et Estienne David,
Imprimeurs du Roy, et Ordinaires de ladite Ville.

M. DC. XXV.

L'opuscule que nous réimprimons est une rare plaquette, petit in-8°, dont nous devons la communication à l'obligeance de M. Tollon. Le fait dont il s'y agit — livraison du château de Gavy aux ennemis du Roi — semble être un épisode de ces guerres qui marquèrent chez nous la fin de la Ligue et les derniers efforts de l'ambitieux duc d'Epernon (février 1596). La procédure ne fut terminée, il est vrai, qu'en 1625; mais l'on sait avec quelle sage lenteur la justice agissait jadis, et l'on voit par le résumé des actes de l'instruction que les principaux coupables avaient eu tout le répit nécessaire pour mourir sans être inquiétés.

Maintenant, où était le château de Gavy? Evidemment non loin de Hières, de Toulon, de Cuers et d'Ollioules; mais le lieu précis?.....

Que le château ait subi le sort commun des petites places fortifiées de l'époque, qu'il ait été démoli après les sanglantes guerres du XVIe siècle, c'est probable. Cependant on devrait en reconnaître au moins les substructions, en rencontrer le nom quelque part. De nombreuses recherches pour le retrouver ont été jusqu'à ce jour infructueuses.

Ce problème topographique n'est peut-être pas le fait le moins intéressant que remet au jour notre réimpression. Aux érudits provençaux, à ceux du Var surtout, de le résoudre.

Ajoutons, en terminant, que notre *Arrest* eut la même année une seconde édition à Paris, chez J. Bouillerot; c'est celle que nous avons donnée, dans le numéro de Novembre 1873, de la *Revue de Marseille et de Provence*.

## (P. 3) ARREST DONNE' PAR LA

COVR DE PARLEMENT DE

Prouence, les Grand Chambre,

et Tournelle assemblees.

*Contre les coulpables et criminels de leze Majesté, à la redition du Chasteau de Gauy.*

---

VEV par la Cour, les Grand Chambre et Tournelle assemblees, le procez criminel et procedures faictes de l'authorité d'icelle à la requeste du Procureur general du Roy, demandeur et querelant en crime de leze Majesté, pour raison de la redition du Chasteau de Gauy, contre Maistre Reynaud Gaillard, Procureur et curateur pourueu en la memoire de feu Abraham Roux dit Gouuernon, commandant dans ledit Chasteau, Pierre Roux dit Chansault, (P. 4) fils dudit Gouuernon du lieu de Chabueïl en Dauphiné. Et Iean de Gerard dit Grangeres du lieu de Serezins lez Grenoble, querellez, contumas, et defaillans. Procedures faictes par la Cour escriptes sur le Registre secret d'icelle, sur l'aduis à elle donné de la prinse dudit Chasteau de Gauy, et de la descente en la plage de la ville d'Yeres du Gouuerneur dudit Chasteau et Soldats, auec la deliberation portant qu'il sera informé par Maistres Iean Augustin de Foresta, et Raymond Espagnet, Conseillers du Roy, du huictiesme Aoust annee presente mil six cens vingt-cinq. Informations prinses par lesdits Commissaires en cette ville d'Aix ledit iour. Autre deliberation que la continuation de ladite poursuite est sursise iusques à ce que le Roy, aduerty d'icelle, y ait ordonné ce que sera de son bon plaisir et volonté, du dixiéme. Autre deliberation portant que les lettres du Roy escriptes sur ce subject à la Cour, et autres y mentionnees seront enregistrees. Que la procedure **(p. 5)** criminelle seroit continuee par lesdits Commissaires auec Maistre Pierre de Cormis, aussi Conseiller du Roy et son Aduocat general. Que le Preuost des Mareschaux s'achemineroit à la ville de Marseille pour prendre ledit Grangeres et autres, iceux mener et conduire aux prisons de la Conciergerie du Palais. Que le corps dudit feu Gouuernon enterré à Tolon sera descouuert, et en presence desdits Commissaires, faict raport de l'estat d'iceluy, du vingt-deux dudit mois d'Aoust. Continuation d'informations prinses par lesdits Commissaires en ladite ville d'Aix. Autre information prinse aux lieux du Bausset et Olieules, du vingt-quatriéme dudit mois. Autres informations prinses ausdites villes de Tollon, Cuers, Yeres, Brignolle et S. Maximin, les vingt-cinq, vingt-six, vingt-sept, et vingt-huictiéme dudit mois d'Aoust. Lettre missiue presuposee escripte par Monsieur le Connestable audit feu Gouuernon, remise par de Peyach Consul de Cuers lors **(p. 6)** de sa deposition, du quatriéme dudit mois d'Aoust. Attestation faicte par le Secrestain de l'Eglise des Peres Minimes dudit Tollon, ledit feu Abraham Roux auoir esté enseuely en l'Eglise, le douze dudit mois d'Aoust. Raport faict par les Medecins et Chirurgiens à ce commis sur la qualité du corps dudit feu Roux descouuert suiuant le susdit Arrest du vingt-cinquiéme dudit mois. Le procez verbal desdits Commissaires sur le faict de leur commission. Deposition de Iean Dagrun Sieur de Balladone du P..y en Auuergne, pardeuant Maistres Honnoré d'Agut et Louys d'Arnaud Conseillers du Roy en la Cour et Commissaires, du vingt-troisiéme dudit mois d'Aoust. Charges et informations par eux prinses en ceste ville d'Aix ledit iour. Audition de Iean de la Roche Archer du Preuost, et François Franquin, valet de l'Hoste de l'Hostelerie des trois Roys en la ville de Marseille, dudit iour, pardeuant Messires Vincens Anne de Meynier premier President, Iean **(p. 7)** Louys de Monier quatriéme President, et lesdits Maistres d'Agut et d'Arnaud, present M. Iean Estienne Thomassin aussi Conseiller du Roy et son Aduocat general, le procez verbal sur ce par eux faict ledit iour. Procez verbal faict par Marcel Huissier sur le voyage par luy faict à la ville de Riez, pour assigner les tesmoings à luy donnez par roolle, du vingt-quatriéme dudit mois. Procez verbal de Maistre Dumas Preuost des Mareschaux, sur l'assignation par luy donnee à Henry de Harlay Baron de Sancy, du vingt-cinquiéme dudit mois. Lettre missiue soubsignée, L'ESDIGVIERES, addressante au Sieur du Chailar, dudit iour vingt-cinquiéme Aoust, où est faicte mention de la trahison de Gauy. Arrest de la Cour sur le procez verbal faict par ledit Dumas sur son voyage à Marseille pour receuoir lesdits Grangeres, le fils de Gouuernon, et autres arrestez en ladite ville, et iceux conduire prisonniers, et de leur absence et euasion, portant que lesdits Grangeres **(p. 8)** et fils de Gouuernon, seront prins et saisis au corps, menez et conduicts ausdites prisons, pour y estre detenus iusques autrement fust ordonné, et ne pouuant estre apprehendez, criez à trois briefs iours. Le procez verbal faict par Vincens Huissier, sur le voyage par luy faict en Dauphiné, pour la saisie d'iceux fils de Gouuernon et Grangeres, et des cries et adjournement à trois briefs iours, à faute d'auoir peu estre apprehendez, dez le vingt-sixiéme dudit mois iusques au neufiéme Septembre audit an. Deposition dudit Baron de Sancy, pardeuant lesdits Commissaires dudit iour vingt-six Aoust. Charges et informations prinses par ledit Maistre d'Agut le vingt-septiéme dudit mois. Le recollement dudit de Sancy et autres dudit iour trentiéme du mesme mois. Arrest de la Cour, que Baccart de Grenoble sera prins au corps et les y nommez, viendront pour estre ouys comme tesmoings. Que le lieu où ledit feu Abraham Roux a esté reenterré, sera marqué (p. 9) du quinziéme dudit mois de Septembre. Le procez verbal en suitte faict par le Lieutenant du Iuge dudit Tollon du vingt-neufiéme dudit mois. Premier, second et troisiéme deffaut accusez contre ledit de Gerard, les onze, dix-neuf et vingt-septiéme dudit mois de Septembre. Premier, second et troisiéme deffaut accusez contre lesdits Roux, les douze, dix-neuf, vingt-septiesme dudit mois. Quatriéme deffaut en iugement, portant pieces mises du premier Octobre audit an. Deliberation de la Cour que sera prouueu de curateur à la memoire dudit Roux. Le procez verbal faict par Maistre Iulien Deperier, portant nomination dudit curateur de la personne dudit Gaillard, du vingt-troisiéme dudit mois de Septembre. Interrogatoires et responces dudit curateur pardeuant ledit Commissaire, du vingt-quatriéme dudit mois. Charges et informations prinses par le Lieutenant des conuentions au Siege dudit Chabueil, sur ledit faict et crime par commission (p. 10) de la Cour, du vingt-neuf, trentiesme Septembre, premier et troisiéme Octobre. Arrest de la Cour que les deffauts contre lesdits Pierre Roux et Iean de Gerard, sont declarez bien venus, obtenus, et entretenus, descheus de leurs exceptions et deffences. Et qu'auant iuger l'entier proffit d'iceux, les tesmoings seront recollez dudit iour troisiéme Octobre. Autre Arrest du mesme iour, qu'il sera procedé extraordinairement contre ledit Gaillard curateur par recollement et confrontation de tesmoings. Charges et informations prinses par ledit Maistre d'Agut et par Maistre Iacques d'Albert aussi Conseiller du Roy et Commissaire subrogé, du septiéme et onziéme dudit mois d'Octobre. Le procez extraordinaire faict audit Gaillard curateur par lesdits Commissaires ledit iour onziéme Octobre, et autres iours. Le recollement des tesmoings faict par le mesme Commissaire en deffaut desdits Pierre Roux et Iean de Gerard desdits iours. Interrogatoires et res- **(p. 11)** ponces de Blaize Baccart, de la ville de Grenoble, du vingtiéme dudit mois d'Octobre, et l'Arrest qu'il est relaxé des prisons. Iugements des objects donnez par ledit curateur aux tesmoings à luy confrontez. Conclusions dudit Procureur general du Roy, ouy et interrogé ledit curateur dans la Chambre, et ouy le raport du Commissaire deputé : Tout consideré.

Dict a esté ', Que la Cour, les Grand Chambre, et Tournelle assemblees : A declaré et declare feu Abraham Roux dict Gouuernon estre mort et decedé coulpable de crime de leze Majesté en la redition du Chasteau de Gauy, Et au moyen de ce, a condamné et condamne à perpetuité la memoire d'iceluy : Ordonne que ses ossemens seront deterrez par l'executeur de la haute Iustice, et par iceluy bruslez en la place publique de Thollon, les cendres iettees au vent. Et iugeant l'entier proffit et vtillité des deffauts contre dudit Pierre Roux, dit Chansaut, et **(p. 12)** Iean de Gerard dit de Grangeres, les a declarez et declare atteints et convaincus du mesme cas et crime de leze Majesté à eux imposé : Et pour reparation d'iceluy les a condamnez et condamne a estre liurez ez mains dudit executeur, menez et conduits par tous les lieux et carrefours de cette ville d'Aix accoustumez, iusques au deuant la principalle porte de l'Eglise metropolitaine S. Sauueur, faire amande honnorable en chemise, teste et pieds nuds, la hart au col et à genoux, tenans vn flambeau ardant chacun en leurs mains, demander pardon à Dieu, au Roy et à Iustice, et de là à la place des Iacobins, et sur le pillory d'icelle auoir ledit de Grangeres ses bras, iambes et reins rompus et brisez, et apres mis sur vne rouë pour y viure tant qu'il plairra à Dieu. A faict et faict inhibitions et deffences à toutes personnes de luy donner aide ny secours à peine de la vie, et ledit Pierre Roux estre pendu et estranglé sur vne potence qui y sera pour cet effect dressee, iusques à ce **(p. 13)** que mort naturelle s'en ensuiue, et apres leur mort seront leurs corps portez au lieu patibulaire : Et auant estre executez seront mis et appliquez à la question et torture ordinaire et extraordinaire, pour auoir de leurs bouches la verité des complices si apprehendez peuuent estre, sinon seront executez en effigie quant à ladite execution de mort. A declaré et declare lesdits Roux et de Gerard, enfans et posteritez, roturiers et innobles, indignes et incapables de tenir iamais estat, offices, ny benefices, tiltres, honneurs, graces et priuileges en ce Royaume, tous et chacuns leurs biens allodiaux et feodaux, mouuans immediatement du Roy et Couronne de France, reünis et incorporez au Domaine d'icelle, et tous leurs autres biens meubles et immeubles acquis et confisquez au Roy, detraict au prealable sur iceux la somme de trois mil liures, pour estre employees, tant aux frais de Iustice que reparations de ce Palais. Ordonne que la maison que ledit feu **(p. 14)** Abraham Roux tenoit audit lieu de Chabueïl sera rasee et desmolie, les Armes et Escusson d'iceluy, ensemble dudit de Gerard, rompues et brisees par ledit executeur sur ledit pilloris, et que le Tableau de l'execution desdits condamnez sera porté au lieu de Chabueïl pour estre posé sur vne bigue dans la place publique dudit lieu. A faict et faict inhibitions et deffences à toutes personnes de quelque qualité et condition qu'elles soient, de l'oster et enleuer, de receller, fauoriser, ny donner assistance audit Pierre Roux et Iean de Gerard, ains leur enjoinct d'iceux reueller à la Iustice, les prendre, saisir et les mettre dans les prisons du Roy, à peine d'estre declarez criminels de leze Majesté, et punis comme fauteurs dudit crime. Enjoinct aux Officiers et Consuls dudit Chabueïl, et autres qu'il appartiendra, de prester main-forte, aide et assistance pour l'execution du present Arrest, et ausdits Officiers d'iceluy faire enregistrer aux Registres du Greffe de la Iurisdiction du-**(p. 15)** dit lieu, et publier par tous les lieux et carrefours dudit lieu accoustumez, afin que nul ny pretende cause d'ignorance, à peine de dix mil liures et autre arbitraire. Faict à Aix en Parlement, le le quatorziéme Nouembre, mil six cens vingt-cinq.

*Collation est faicte*

Signé FVLCONIS.

Marseille. — Typ. Marius Olive, rue Sainte, 39

(Conserver la couverture)

# NOTES

POUR SERVIR A

# L'HISTOIRE DE PROVENCE



PAR

V. LIEUTAUD

Bibliothécaire de la ville de Marseille
Membre de plusieurs Sociétés savantes

N° 12

## LES CRIÉES MUNICIPALES DE MARSEILLE
### AU MOIS DE DÉCEMBRE 1319

MARSEILLE
BOY FILS, M. LEBON
Libraires

AIX
MAKAIRE, LIBRAIRE
Rue Pont Moreau, 2

1873

# ONT DÉJA PARU

N° 1. Elections municipales à Berre (B.-du-R.), 6 janvier 1396.

N° 2. Un Diner officiel à Jonquières (Vaucluse), 17 février 1725.

N° 3. Vente de la ville de Moustiers (B.-Alpes), 27 mars 1313.

N° 4. Lou Rouman d'Arle, fragment d'un poème provençal inédit.

N° 5. La Croix de Provence et la Croix en Provence.

N° 6. Le Pape Léon X, archevêque d'Aix, 8-20 juin 1483.

N° 7. A. de Ruffi et P.-J. de Haitze, Correspondance inédite.

N° 8. Discovrs prodigievx de ce qvi est arrivé en la comté d'Auignon avec pl.

N° 9. Proverbes topographiques provençaux.

N° 10. Les Péages du comté de Forcalquier au XIIIe siècle.

N° 11. Reddition du chasteau de Gavy (Var). — XVIe siècle.

N° 12. Les Criées municipales à Marseille. — Décembre 1319.

N° 13. La Saint-Antoine à Mornas (Vaucluse).

---

IL PARAIT DOUZE NUMÉROS PAR AN

(Tirés à très-petit nombre)

**Prix de l'année courante : 10 Fr.**

---

PRIX DES NUMÉROS SÉPARÉS :

| | | |
|---|---|---|
| N°s 9, 10, 13 | Fr. | 1 50 |
| N°s 2, 6, 7, 11 | » | 2 00 |
| N°s 1, 3, 12 | » | 2 50 |
| N°s 4, 5, 8 | » | 3 00 |

# LES CRIÉES MUNICIPALES DE MARSEILLE

## AU MOIS DE DÉCEMBRE 1319 (1).

Anno Domini M. CCC. XVIII., ij. indictione, die ultima novembris nobilis et potens vir dominus Petrus Audeberti, Miles, Vicarius Massilie, precepit Bartholomeo Lique nuncio et preconi publico civitatis Massilie presenti quatenùs preconisationes subscriptas faciat per civitatem Massilie, ut est moris, locis debitis et suetis; qui Bartholomeus preco publicus retulit michi notario infrascripto et scribe curie palatii Massilie antedicte fecisse mandato dicti domini vicarii per civitatem Massiliam, ut est moris, preconisationes subscriptas :

### DE ARMIS.

Et primo, mandament es de nostre senhor lo Rey de Jerusalem e de Sesilia e de son viguier que neguna persona priuada ni stranha non vaga armat ni porti armas de nugz ni de jorns en la cieutat de Marceylla ni en los borcz si non o fazia intrant o yssent de la cieutat de Marceylla per mar o per terra anant e tornant de lur vinhas o de las lurs autras honors, o venent d'allons *(sic)* en la cieutat de Marsseylla, en pena de XXV. liuras e outra perdria las armas que portarian.

### DE PLUMBADA.

Et que neguna persona privada ni stranha non porti peyra ni plombada en man de nugtz ni de jorns en la cieutat de Marseylla ni en los bors, en pena de XXV. liuras o mays o mens a voluntat de la cor.

### DE NON EUNDO SINE LUMINE.

Et que deguna persona privada ni stranha no vaga de nuegz pos lo sens sera sonat en la cieutat de Marseylla ni en sos borcs, en pena de v. sols.

### (f° 99, v°) DE TABERNA APERTA.

E que tota persona que venda vin en la cieutat

(1) Elles sont tirées du 1er registre des délibérations du conseil municipal de la ville, années 1318-1319, f° 99 et sq. Ce sont les plus anciennes criées en langue provençale publiées jusqu'ici en Provence.

de Marcella ni en sos borcs non tenga sa taverna huberta pos lo sentz sera sonat, en pena de v. sols.

DE MORTRERIIS.

E que tug li multrier, els layrons, els banegatz yescant de la sieutat de Masseylla et de son destreg e sian yssig per deman tot jorn, en pena del cors e del auer.

DE RUFFIANIS.

E que tug li Roffian e las Ruffianas e las destrals e las fachurieyras yescan de la cieutat de Masseylla e de son destreg per deman tot jorn, en pena del cors e del auer.

DE RASSIS.

E que deguna persona priuada ni stranha non fassa rassa ni conjuracions ni acamp ni ajost de gens a rescos ni apresent en la cieutat de Marceylla ni en son destreg, en pena del cors e del auer.

DE AQUIS.

E que deguna persona priuada ni stranha non gieti aygas d'aut ni de fenestra de nuegz ni de jorns en la cieutat de Marceylla ni en los borcz, en pena de v. sols; e si neguna persona era tocada ni orreada d'aquella ayga pagaria la persona que l'auria gitada L sols et si pagar non podia seria correguda.

**Ego Guillelmus Monnerii notarius hec scripsi.**

Anno quo supra et die ij decembris idem Bartholomeus Lica preco publicus supradictus retulit michi subscripto notario se mandato dicti domini vicarii fecisse per civitatem Massilie, ut est moris, preconisationem subscriptam.

Mandament es etc. que tota persona que aya porcs o trueyas en la cieutat de **(f° 100, r°)** Marsseylla o en sos borcz los tengan estacatz en tal manieyra que non vagan per carrieyras sotz la pena que es stablida, e que tota persona scobi sa frontieyra e cascun sa porta en pena de xij. deniers.

DE CLAVARIA.

E que deguna persona priuada ni stranha non cargui ni descargui en nau ni en galeya ni en lign ni en barca deguna mercadaria de que la clauaria de nostre senhor lo Rey dega ni pueysca penre dreg sens licencia del clavari de Marceylla o de son luec tenent, en pena de l. liuras e outra perdria la mercadaria que seria cargada o descargada o mudada d'un lign en autre e la nau e la galeya el lign e la barca, e qui o acusara n'aura lo ters.

E que deguna galeya ni nau ni ling (*sic*) ni barca ni caupol non si parta del port de la cieutat de Marceylla si non auia pres policia del clavari de la cieutat de Marseylla o de son luec tenent e aquella policia deia bayllar al gardia de la Torreta, en pena de l. liuras.

E que degun bastays non cargi ni descargui deguna mercadaria sens licencia del clavari de Marceylla o de son luec tenent.

**Ego Guillelmus Monnerii notarius hec scripsi** (1).

Anno quo supra et die iiij decembris idem Bartholomeus Lica preco publicus retulit michi notario subscripto se mandato dicti domini vicarii, ut moris est, fecisse preconisationem subscriptam ut ecce :

DE CORRATERIIS.

Mandament es etc. que degun corratier ni encantador ni portayris de rauba non s'entrameta de lur uffizi si non auian jurat e fermat en la man del clavari de Marceylla, en pena de c. sols et de perdre lur uffizi.

**(f° 100, v°)** DE PISTORIBUS.

Anno quo s. die iiij decembris idem Bthl. Lica p'co pub. retulit m not. infrascripto se mandato dicti dni vicar. fecisse per civitatem Mass., ut est moris, p'conisatôem subscriptam :

Mandament es etc. que tot pestre et manganieyra et autra persona que fa e fara o tenra pan a vendre en la cieutat de Marceylla o en los bors lo fassa bon e lial e de just pes, e cant al pes et a la raso qu'els pesador lur daran que son stablitz per la cort ; e cant veyran venir los pesadors non lo deian selar ni scondre, an lo deian manifestar aqui meseys als dig pesadors.

E tot lo pan que seria mal cueg e de mens pes e scondutz, sia dels pesadors et en pena de x. sols.

E que degun pestre ni manganieyra ni autra persona que fassa pan a vendre non pasti d'ayga grossa ni d'ayga salada de pous sotz aquella mesema pena.

(1) Désormais nous omettrons ces mots qui reviennent régulièrement après chaque criée.

E que tutz li fornier lo cosan ben e lialment, en pena de v. sols.

E que degun pestre ni maganieyra ni autra persona que fassa pan a vendre non fassa pan mas de iiij. den. e ij. d. e j. d. e de mesaylla redonna, sotz aquella mesema pena.

Anno quo s. die vj. decembris idem Barthol. Lica p'co pub. Mass. retulit m. not. infrascripto se mandato dicti dni vicarii fecisse p. civitati Massil., ut est moris, p'conisatiês subsc'ptas.

DE FORNERIIS.

Mandamen es etc. que tutz li fornier els fornayrons els postiers non degan penre d'ayssi tro a calennas mas iiij. den. de l'emina et j. den. de portar e del pes vj. den. e j. den. de portars et apres calennas iij. den. de l'emina e iij. d. del pes e al postier j. tortel.

(fo 101, ro) E que tut li fornier els fornayrons vengan jurar apres calennas de ben e lialmen far lur uffizi, en pena de x. sols.

(*Suivent les noms des* 10 *fourniers des divers quartiers de la ville qui ont prêté le serment exigé*).

(fo 102, ro) Anno Dni quo s. die undecimo decembris Dns Petrus Audeberti miles vicarius Massilie precepit Bartholomeo Lique preconi publico Massilie quatenùs per civitatem Massilie divulget preconisationem infrascriptam. Quod factum fuit et exequtum prout retulit preco antedictus.

DE MOSTRIS.

Mandament es etc. que neguna persona priuada ni stragna non porti ni fassa portar monstra de blat ni de farina ni de liome lo dilluns al mercat per vendre ni per autra causa si non era lo marcz en la plassa del Lauret denant lo pes de nostre segnor lo Rei, en pena de c. sols et de perdre la mostra; et qui o acusara n'aura la mitat.

**Ego Bartolomeus de Salinis notarius hec scripsi.**

Anno quo supra die xviii decembris Bartholomeus Lica preco publicus Mass. retulit m. notario infrascripto se mandato dicti Domini vicarii fecisse per civitatem Massilie, ut est moris, preconisationes subscriptas.

DE PISCARIA.

Mandamen es etc. que neguna personna priuada ni

stranha non venda peys pudent en la pescaria de la cieutat de Marceylla ni en autre luec, en pena de xx. sols e de perdre lo peys.

DE EODEM.

Et que neguna persona priuada ni stranha non venda peys mays en (f° 102, v°) la pescaria de nostre senhor lo Rey de la cieutat de Marceylla sotz aquelle (*sic*) mesema pena, si non era peys de brugin.

Et que deguna persona privada ni stranha de qualque condecion que sia non compri peys en la cieutat de Marceylla ni en son destreg per revendre si non era passat mieg jorn, en pena de x. liuras e de perdre lo peys, e qui o acusara n'aura la mitat.

DE MONETA CAV(A)LLERIORUM NOVORUM.

Et que neguna persona priuada o estranha non prenna moneda de caualliers nous en la cieutat de Marceylla ni en son destreg a negun fors sotz pena de x. liuras.

(f° 103, r°) DE PORTU.

Eodem die Bartholomeus Lica preco publicus civitatis Mass. retulit michi not. infrascripto se mandato dicti dni vicarii fecisse per civitatem Massil., ut est moris, preconisationes subscriptas :

Mandamen es etc. que tota persona que aia terra ni fems de las collas dependens a ensa ni en carrieyras drechas ni en traversas que o aia leuat d'enfra v. jorns, en pena de xx. sols e outra que perdria lo fems.

DE EODEM.

Que tota persona que aia lenha ni autres empachiers en la riba del port de Sant Johan entro a la callada que o aia leuat d'enfra v. jorns, en pena de xx. sols.

DE EODEM.

E que neguna persona non impla botas en la riba daues mar de Sant Johan entro a la callada ni en las trauersas daues mar, en pena de v. sols ; e que negun bastays no las ausi emplir, en pena de corre per la vila.

DE EODEM.

E que neguna persona non gieti peyras ni saorra ni neguna orreficia en lo port de Marceylla ni en los borquils ni en las ribas de Sant Johan entro a la callada ni dauant la riba de Sant Peyre, en pena de xx. sols.

(f° 103, v°) DE EODEM.

E que tota persona que aia caupol ni lin ni barca ni autre navili plen en lo port que o aia leuat d'enfra viij. jorns, sinon los obries del port penria la fusta as obs del port.

DE EODEM.

E que totz los blanquiers que an sueyllas plenas els corredors las deian curar en tal manieyra que non fassan dampnage al port, en pena de xx. sols ; e qui o acusara n'aura lo ters e sera en selat.

DE EODEM.

E que neguna persona non pyssi en torn los barris ni fassa neguna laysana entorn los vallatz ni planti cavyllas en los barris, en pena de xx. sols.

DE EODEM.

E que neguna persona non meta peyras ni neguna orreficia en tota la plassa noua de la callada ni en tota la riba de Sant Johan en tro a la callada ni hi laui homs ni femena draps en tota la riba de Sant Johan en tro a la callada ni tenga bancs foras de las botigas ni fruchas foras las portas que enpachon las ribas, en pena de xx. sols.

DE EODEM.

E que neguna persona priuada ni stranha non gieti peyras ni saorra ni neguna autra rumenta en lo port de Domezes (f° 104, r°) ni en los portz de las Illas, en pena de x. liuras, e qui o acusara n'aura lo ters e sera enselatz.

DE EODEM.

E que neguna persona non tenga de nueg negun caupol de fornilla de Sant Johan entro a la callada si non era el mieg del port o en la riba d'outra, en pena de x. sols per cascuna ves c'on los y trobaria.

DE EODEM.

E que tota persona que aia fems al portal de la Fracha que l'en aia leuat d'enfra v. jorns, en pena de v. sols e outra perdria lo fems; ni neguna persona non y gieti terra ni autras laysanas que poges dan venir al port, sot aquella mesema pena

(f° 104, v°) DE PONDERE CASSARUM.

Anno q. s. die xxij. decembris Bthol9. Lica p'co pub. retulit m. not. infrascripto se mandato dicti dni vicarii fecisse per civitatem Mass., ut est moris, preconisatiões subscriptas :

Mandament es etc. que deguna persona privada ni stranha non pesi ni fassa pesar an ferre ni an cassas si non o fazia an los ferres et an las cassas de nostre senhor lo Rey de mieg quintal a en sus, en pena de xxv. liuras.

E que tot corratier que fassa mercat que apertengan a ferres e a carsas lo jorn meseys que aura fag lo mercat o dega manifestar als pesadors, en pena de c. sols e de perdre son uffizi.

E deguna persona privada ni stranha non hi fassa frau ni salvataria, en pena de xxv. liuras.

(f° 105, r°) DE MULATERIS.

Anno quo supra die xxix decembr. Bartholomeus Lica preco publicus Mass. retulit michi notario infrascripto se mandato dicti Domini vicarii fecisse per civitatem Massiliam ut est moris preconisationem subscriptam :

Mandament es etc. que tug li mounier els mounayros els mulatiers el pesador del pes vengan jurar d'aqui a v. jorns al taulier de mon senhor lo viguier, en pena de xx. sols.

E que deguna persona privada ni stranha non pyssi ni fassa orrefissia en l'auber del pes de nostre senhor lo Rey, en pena de v. sols.

(*Suivent les noms des muletiers de tous les moulins placés sur les cours d'eau du territoire de Marseille qui ont prêté le serment exigé*).

---

Marseille. — Typ. Marius Olive, rue Sainte, 39.

# NOTES

POUR SERVIR A

# L'HISTOIRE DE PROVENCE



PAR

V. LIEUTAUD

Bibliothécaire de la ville de Marseille
Membre de plusieurs Sociétés savantes

N° 13

## LA SAINT-ANTOINE A MORNAS (VAUCLUSE)

MARSEILLE
BOY-FILS, M. LEBON
Libraires

AIX
MAKAIRE, LIBRAIRE
Rue Pont Moreau, 2

1874

# ONT DÉJA PARU

Nº 1. Elections municipales à Berre (B.-du-R.), 6 janvier 1396.

Nº 2. Un Dîner officiel à Jonquières (Vaucluse), 17 février 1725.

Nº 3. Vente de la ville de Moustiers (B.-Alpes), 27 mars 1313.

Nº 4. Lou Rouman d'Arle, fragment d'un poème provençal inédit.

Nº 5. La Croix de Provence et la Croix en Provence.

Nº 6. Le Pape Léon X, archevêque d'Aix, 8-20 juin 1483.

Nº 7. A. de Ruffi et P.-J. de Haitze, Correspondance inédite.

Nº 8. Discovrs prodigievx de ce qvi est arrivé en la comté d'Auignon avec pl.

Nº 9. Proverbes topographiques provençaux.

Nº 10. Les Péages du comté de Forcalquier au XIIIe siècle.

Nº 11. Reddition du chasteau de Gavy (Var). — XVIe siècle.

Nº 12. Les Criées municipales à Marseille. — Décembre 1319.

Nº 13. La Saint-Antoine à Mornas (Vaucluse).

---

## IL PARAIT DOUZE NUMÉROS PAR AN

(Tirés à très-petit nombre)

**Prix de l'année courante : 10 Fr.**

---

PRIX DES NUMÉROS SÉPARÉS :

| | | |
|---|---|---|
| Nos 9, 10, 13 | Fr. | 1 50 |
| Nos 2, 6, 7, 11 | » | 2 00 |
| Nos 1, 3, 12 | » | 2 50 |
| Nos 4, 5, 8 | » | 3 00 |

# NOTES

POUR SERVIR A

# L'HISTOIRE DE PROVENCE

# NOTES

POUR SERVIR A

# L'HISTOIRE DE PROVENCE

PAR

V. LIEUTAUD

Bibliothécaire de la ville de Marseille
Membre de plusieurs Sociétés savantes

N° 13



## LA SAINT-ANTOINE A MORNAS (VAUCLUSE)

MARSEILLE
BOY FILS, M. LEBON
Libraires

AIX
MAKAIRE, LIBRAIRE
Rue Pont Moreau, 2

1874

Tiré à 100 exemplaires sur papier ordinaire
« à 5 exemplaires sur papier de Hollande.
« à 2 exemplaires sur papier de couleur.

N° [redacted]

# LA SAINT-ANTOINE A MORNAS (VAUCLUSE)

17 JANVIER.

---

Ce que les habitudes sont aux individus les coutumes le sont aux peuples. Joyeuses ou graves, barbares ou riantes, quelles qu'elles soient, elles suffisent à l'observateur même superficiel pour juger du passé, des mœurs, du caractère et des institutions sociales d'un pays.

Aussi le tableau le plus attachant et le plus fidèle de notre Provence serait-il, croyons-nous, celui de ses nombreux usages, et il y a là, certes, de quoi pousser une plume jeune et habile à des travaux aussi patriotiques qu'intéressants.

L'œuvre presse, du reste.

De partout — et depuis longtemps — surgissent contre eux des ennemis acharnés. Chacune des révolutions hélas ! trop fréquentes de notre patrie porte une atteinte profonde à ce noble héritage de nos aïeux.

Pas un de ces fonctionnaires mobiles, dont le moindre signal fait aujourd'hui surgir de terre des légions, qui ne tienne à devoir de signaler son passage par une attaque contre ces restes vénérables d'un temps, ou, — comme ils disent — d'un régime déjà vieux.

Ceux-mêmes que d'autres principes et une stabilité plus grande sembleraient constituer les gardiens vigilants des traditions, se joignent ardemment aux autres et leur disputent les tristes et faciles palmes de la destruction.

Il n'est pas jusqu'au journaliste qui, dans un vil intérêt de parti — quelquefois de scandale — ne vienne donner le coup de pied de l'âne à d'antiques institutions dont son ignorance ne soupçonne presque jamais la noble origine.

Et cela se comprend. Etrangers d'ordinaire au pays par l'éducation et la naissance, plus une coutume y est ancienne, plus elle est particulière et locale, plus vivement ils en sont choqués.

C'est, par exemple. un préfet normand flanqué d'un secrétaire breton ; c'est un évêque lyonnais assisté d'un grand-vicaire, ou — ce qui est plus grave — d'un supérieur de séminaire alsacien, flamand ou picard. Il arrive. Tout l'étonne, tout le surprend, tout l'offusque et lui déplaît : les habitudes, pour lui, étranger. si singulières, le parler, le caractère, les us locaux, mille choses enfin, petites et grosses, auxquelles une longue habitude pourrait seule l'accoutumer. Que nous vivions autrement que les buveurs de cidre ou de bière, il ne peut s'y faire. Dès lors son parti est pris : après un temps plus ou moins long d'observation et de silence, il se met résolument à unifier, — je me trompe, — à uniformiser tout cela.

Le proverbe assure que la brebis qu'on veut tuer est toujours galeuse, le chien toujours enragé ; un abus quelconque est chose bien facile à trouver.

Alors, le ministre du haut de son Paris, prend sa plus belle plume et — fût-il archéologue, fût-il artiste — il défend ces courses de bœufs pour lesquelles nos arènes existent depuis deux mille ans. — Un conseiller général fait proscrire la criée dix fois séculaire en langue provençale et y fait substituer un français aussi ridicule qu'inintelligible ; et M. le Maire — suivant, ordinairement à son insu, l'impulsion et l'exemple — s'attaque vaillamment aux usages de la commune, pour la suppression desquels il n'a pas d'émule plus ardent que le curé, soumis à peu près aux mêmes influences. (1).

(1) Un exemple entre mille. Dans une commune des environs de Marseille, c'était un usage immémorial d'exposer, le jour de l'octave de la Fête-Dieu, sur la façade de l'hospice, les portraits des bienfaiteurs de l'établissement. C'était un témoignage de gratitude publique pour leurs bienfaits, un enseignement d'une haute portée pour les jeunes générations et une exhortation à suivre d'aussi philantropiques exemples. Un maire s'est trouvé — étranger au pays, naturellement — qui a détruit cet usage. Savez-vous pourquoi ?... Les portraits n'étaient pas assez beaux au point de vue de l'art !...

M. le curé n'a pas voulu rester en retard et a proscrit, de son

Dès lors, peu à peu, disparaissent — devant un universel aplatissement et un cosmopolitisme aussi dangereux que stupide — la physionomie locale, le caractère original, l'individualité distincte d'un pays, sources éternelles de cet amour pour le clocher, de cette affection pour la petite patrie qui seuls peuvent, au moment du danger, embraser les cœurs d'un généreux patriotisme, de jour en jour plus rare parmi nous.

Oh ! qu'il nous soit ici permis de pousser un timide cri d'alarme ! qu'il nous soit permis d'adjurer tous ceux qui, chez nous, possèdent l'autorité à un degré quelconque de ne point constamment détruire pour ne jamais édifier, de ne point renverser, une à une, toutes nos coutumes plutôt que d'en faire disparaître l'abus ! Qu'il nous soit permis enfin de conseiller à tous nos compatriotes une résistance sage, modérée mais ferme et inébranlable. par la plume, par la parole et par les actes, contre toute attaque aux usages et aux traditions de la Provence qui sont notre commun patrimoine.

C'est là, d'ailleurs, ce qui depuis longtemps se pratique en beaucoup d'endroits, avec une persévérance pour le moins aussi énergique que l'agression. Nous n'en voulons pour preuve que la fête si pittoresque célébrée de tout temps à Mornas, en l'honneur de saint Antoine, le 17 janvier.

Qui ne connaît au moins de nom ce pays si célèbre par les exploits du baron des Adrets et par ce roc escarpé que l'un des prisonniers du féroce religionnaire lui donnait à sauter en vingt fois ?

Le culte du Patriarche des cénobites s'y perd dans la nuit des temps. Il est toutefois propable que, comme à Valréas, comme Arles, comme dans la Provence entière il se rattache à l'époque des croisades.

On sait que le corps du Saint ermite fut alors transporté chez nous, qu'il y donna naissance à l'ordre célèbre

côté, pendant la quarantaine de Noël, la représentation de la crèche, cette délicieuse et populaire invention de saint François d'Assise, si bien appropriée au caractère des méridionaux. Il trouvait cela trop naïf et pas assez sérieux ! ...
Et dire qu'on pourrait citer des centaines de faits pareils!

des Antonins et que, depuis cette époque, il y a toujours été profondément honoré (1).

Dans sa vieille église, Mornas possédait une brillante et nombreuse confrérie qui se rangeait sous la bannière du saint. Elle y avait un autel et une chapelle particulière. Dans la nouvelle église, dit-on, le saint si populaire ne pourra trouver place. Il n'aura pas même une chapelle. Nous aimons à croire qu'il n'en est rien et que M. le curé de Mornas ne portera pas une atteinte aussi profonde à ce culte séculaire

Avant la Révolution la fête était chomée dans le pays, et des *bayles* zélés s'appliquaient à en maintenir l'éclat. L'un d'eux, M. Mille, a même laissé à ses héritiers l'obligation de fournir à perpétuité le pin de la *Cabano*.

Arrêtons-nous un instant sur ce petit édifice. Il consiste en un échafaudage circulaire et fort élevé de bûches, de branches et de fagots de bois sec et inflammable autour du plus beau pin de la contrée.

Bien avant la fête on court les montagnes, on scrute les bois, on cherche, on caresse de l'œil, quand elle est trouvée, cette pièce principale du bûcher et de la fête.

Le temps arrivé, on va déraciner l'arbre, et presque intact, branches et racines, il est profondément planté au centre de la place qu'il orne de sa verdure.

Le 17 janvier arrive. Le bois s'accumule à l'envi autour de lui, en attendant les fêtes de la soirée.

Cependant, le matin, à dix heures, la fête commence par le chant solennel de la grand'messe. Le pain bénit de saint Antoine y est religieusement distribué.

Puis, le soir à trois heures, vêpres solennelles. L'*Alma Redemptoris* à peine achevé, le célébrant entonne le chant de l'*Iste confessor* et aux accents de cette belle hymne la procession se déroule et s'avance vers le

(1). Ce serait ici le lieu de signaler et de stigmatiser l'acte odieux de vandalisme commis sur ces précieuses et vénérées reliques par M. Montagard, curé de Saint-Trophime d'Arles, et qui ne vient que trop à l'appui de nos doléances sur la destruction des usages les plus respectés. Pourquoi faut-il que son caractère sacré vous l'interdise ? Pourquoi faut-il que cette seule raison ferme constamment la bouche, en présence d'actes de vandalisme par trop multipliés et qui ne peuvent être traduits devant l'opinion publique, malheureusement leur seul juge ?

bûcher. Le prêtre, les enfants de chœur, les *bayles*, un un cierge allumé à la main, l'entourent. Bientôt il est béni ; il s'embrase de tous côtés.

Les chants et les cris de joie s'élèvent alors jusqu'aux cieux avec la flamme pétillante et tous, en masse, d'entonner et de poursuivre ce beau cantique qui remonte aux siècles les plus reculés :

I

Antoni lou patroun
De tant de sant armito
Sourtiè d'uno meisoun
Di plus noblo d'Egito.
Fuguè tant bèn apres
Tre sa tendro jouinesso
Que jamai l'an suspres
D'avé manca la messo.

*Refrain*

A tous ajuda nous,
Mounsegne Sant Antoni,
E deliéura nous tous
D'ou poudé d'ou demoni.

II

Au Sant emé respèt
Dieu ie faguè entèndre
Que per estre parfèt
Soun bèn n'en fouliè vèndre ;
Vendiguè soun oustau
Si moble, sa chabenso,
N'aguè gin de repau
Que quand n'en fuguè senso.
*Refrain* : A tous... etc.

III

Emplegue 'quel argent
Noun à faire l'usuro,
Mai au soulajament
D'aquèu paure qu'enduro ;
Ansin au paradis
Se preparo uno plaço
L'Evangèli lou dis :
Veira Diéu faço à faço.
*Refrain* : A tous.... etc.

IV

N'en quitè soun oustau
Si parènt, sa patrio,
S'escound dedins un trau
Di desert d'Arabio,
Afin de miéu sounja
Au salut de soun amo
E noun estre jita
Dedins l'eterno flamo.
*Refrain* : A tous... etc.

V

Quand Antoni fuguè
Dedins la soulitudo,
D'abord n'entreprenguè
Uno vido fort rudo.
N'aviè qu'un pau de pan
E d'aigo touto puro :
Vaqui d'aquèu grand sant
L'unico nourrituro.
*Refrain* : A tous... etc.

VI

Pourtavo sus *chair*
Un fort rude cilice
Dins lou gros de l'ivèr
Gin de plus grand suplice.

Couchavo per lou champ,
Prenié la disciplino ;
Se metiè tout en sang
En se picant l'esquino.
*Refrain* : A tous... etc.

VII

Li demoun de l'infèr
Sorton pèr lou courroumpre,
S'en van dins soun désert
Pèr fin de l'interroumpre.
Pèr lou faire quita
Ie mostron sa feblesso,
L'ounour, la vanita,
Li plesi, la richesso.
*Refrain* : A tous... etc.

VIII

Vesènt que poudièn pas
Lou tenta de la sorto
S'en van d'un autre las
Tomba sa pauro porto,
E pèr l'espouvanta
L'un bramo, l'autre crido ;
Se soun tous acourda
De li gara la vido.
*Refrain* : A tous. . etc

IX

D'ou tèms de l'ouresoun
Parei coumo un vipèro ;
Tantost coumo un lioun
E piei coumo un pantèro,
Lou baton tout lou jour
E sant Antoni enduro,
En pregan ame ardour,
Tant que la lucho duro.
*Refrain* : A tous... etc.

X

En se vesènt vincu
Per aquèu sant armito.
Demoron tous confus
E n'en prenon la fuito.
Ah ! qunto lacheta
D'estre eici tant de diable
Pèr veni tourmenta
'Quèu paure miserable !
*Refrain* : A tous... etc.

XI

Noun vous estounes pas
D'uno talo vitori
Venié pas de soun bras
Mai bèn d'ou Rei de glori.
Eu, quand èro au désert
Per sa santo astinènci,
N'en cassè tout l'infèr
De sa santo presènçi
*Refrain* : A tous... etc.

XII

Fasès doun, Mounsegnour,
Per vosti santi gràci,
Que pousquen, tous, un jour,
Vous veire fàci à fàci
E tant que vous plaira
Nous laissa sus la terro
Mournas sièg deliéura
Pesto, famino e guerro.

*Refrain*

A tous ajudas nous,
Mounsegne Sant Antoni,
E deliéuras nous tous
D'ou poudé d'ou demoni.

---

Cependant, le bucher brûle, se consume, s'affaisse lentement sur lui-même et, pendant que retentissent ces accents du cantique, la flamme, de moins en moins vive, finit par s'assoupir, après avoir tout dévoré.

C'est maintenant à qui sera le pin, âme de la *Cabano*, que le feu n'a pu consumer.

On se précipite à l'envi. Les plus impatients reculent à son attouchement embrasé. On s'élance de nouveau, mais lui, fixé solidement en terre, sembler défier les efforts les plus vigoureux. On redouble ; il cède enfin, tombe à terre et devient la proie de la foule, qui, joyeuse, lui fait parcourir toute l'enceinte du pays. Bientôt mutilé, chacun de ses morceaux est religieusement déposé au foyer de la famille, et ses restes carbonisés traceront sur les portes, les fenêtres et les murs, des croix multipliées dont chacun est heureux d'orner en ce jour sa demeure. Ce signe de salut attire en effet sur la maison les bénédictions du Seigneur et, par la vertu, par l'intercession de St-Antoine, ne cesse pendant l'année de la protéger contre les maléfices de l'enfer, les épidemies funestes et tous les autres fléaux.

Félicitons, en terminant, Mornas et ses bons habitants d'avoir su garder intact, à travers les siècles, ce touchant et pieux usage ; félicitons-en aussi et surtout ses autorités civiles et religieuses. Fasse le ciel, que, l'observant avec soin chaque année, les génerations se le transmettent à jamais et offrent ainsi à la Provence toute entière le salutaire exemple d'une coutume locale religieusement conservée.

Marseille. — Typ. Marius Olive, rue Sainte, 39.

(Conserver la couverture



# NOTES

POUR SERVIR A

# L'HISTOIRE DE PROVENCE

PAR

V. LIEUTAUD
Bibliothécaire de la ville de Marseille
Membre de plusieurs Sociétés savantes

**N° 14**

## LE B. LAURENT DE BRINDES A MARSEILLE
3 FÉVRIER 1603

MARSEILLE
BOY FILS, M. LEBON
Libraires

AIX
MAKAIRE, LIBRAIRE
Rue Pont Moreau, 2

1874

# ONT DÉJA PARU

**N° 1. Elections municipales à Berre (B.-du-R.), 6 janvier 1396.**
**N° 2. Un Diner officiel à Jonquières (Vaucluse), 17 février 1725.**
**N° 3. Vente de la ville de Moustiers (B.-Alpes), 27 mars 1313.**
**N° 4. Lou Rouman d'Arle, fragment d'un poème provençal inédit.**
**N° 5. La Croix de Provence et la Croix en Provence.**
**N° 6. Le Pape Léon X, archevêque d'Aix, 8-20 juin 1483.**
**N° 7. A. de Ruffi et P.-J. de Haitze, Correspondance inédite.**
**N° 8. Discovrs prodigievx de ce qvi est arrivé en la comté d'Auignon** avec pl.
**N° 9. Proverbes topographiques provençaux.**
**N° 10. Les Péages du comté de Forcalquier au XIII^e^ siècle.**
**N° 11. Reddition du chasteau de Gavy (Var). — XVI^e^ siècle.**
**N° 12. Les Criées municipales à Marseille. — Décembre 1319** avec fac-simile.
**N° 13. La Saint-Antoine à Mornas (Vaucluse).**
**N° 14. Le B. Laurent de Brindes à Marseille. — 3 février 1608.**

## IL PARAIT DOUZE NUMÉROS PAR AN

(Tirés à très-petit nombre)

**Prix de l'année courante : 10 Fr.**

**Prix de l'année précédente : 20 Fr.**

PRIX DES NUMÉROS SÉPARÉS :

| | | |
|---|---|---|
| N^os^ 9, 10, 13 14 | Fr. | 1 50 |
| N^os^ 2, 6, 7, 11 | » | 2 00 |
| N^os^ 1, 3, 12 | » | 2 50 |
| N^os^ 4, 5, 8 | » | 3 00 |

# LE B. LAURENT DE BRINDES A MARSEILLE

3 FÉVRIER 1603

Les pentes qui, de la plaine Saint-Michel descendent vers le port de Marseille, étaient occupées, au XVIe siècle, par des vignes et des jardins assez éloignés de la ville. Notre cité, en effet, ne dépassait pas alors la Canebière et le Cours.

La porte du Plan Fourmiguier, avec son donjon carré, commandait l'extrémité orientale du port. Les deux tours de la porte *Réale* — comme on disait alors — s'élevaient sur l'emplacement actuel de la place Marone.

La ville était bornée au midi par le rempart qui reliait entre elles les deux portes monumentales et auquel s'adossait la bruyante rue des Fabres. Au-delà, c'était la campagne où les bourgeois de Marseille venaient dès lors goûter les douceurs du *cabanon*.

L'une des plus belles vignes qui s'y étalaient, était, sans contredit, celle de Jeanne d'Ornesan, maréchale de Biron, dont l'emplacement est aujourd'hui occupé par la Halle qui porte à juste titre le nom des Capucins.

En l'an 1579, en effet, on y jeta les fondations d'un modeste couvent de cet ordre, dont la reine de France, Catherine de Médicis, voulut poser elle-même la première pierre pendant son court séjour à Marseille (1).

(1) Ruffi: *Hist. de Marseille*, 2e édit., t. II, p. 71. — Méry et Guindon : *Hist. de la commune de Marseille*, t. V, p. 195. — Fabre : *Les rues de Marseille*, IV, 160 — Belsunce : *L'Antiquité de l'Eglise de Marseille*,

Malgré cette protection royale, malgré la sympathie et les secours de la ville, les constructions avançaient lentement. En ce temps de troubles et de guerres civiles, se procurer des ressources n'était point chose facile, et les chétifs bâtiments, interrompus çà et là, ne confirmaient que trop le vœu d'austère pauvreté dont les bons religieux faisaient profession.

Le couvent n'en était pas moins un des principaux de la province, à cause sans doute de la grande et riche cité à laquelle il appartenait et des sujets distingués qui l'habitaient.

Tel était, par exemple, le gardien, le P. Jérôme d'Arles, que les Marseillais honoraient comme un saint. Un carême prêché par lui, en 1599, aux Augustins, leur avait laissé d'inneffaçables souvenirs, et les conversions éclatantes qui le suivirent montrèrent que le gardien des Capucins de Marseille n'était pas moins éloquent orateur que fervent religieux.

Sur ces entrefaites, au commencement de février 1603, une animation peu commune se manifesta aux alentours du couvent.

Des hommes âgés, à la barbe blanche, à l'aspect vénérable, portant l'habit de Saint-François, y arrivaient de divers côtés, par la route d'Aix, par celle d'Aubagne et par les hauteurs de la Plaine.

La ville elle-même semblait partager cette agitation inusitée, et l'on pouvait remarquer à la porte d'Aix une

II, 253.— Le ms. signalé par cet auteur, p. 253, comme renfermant la *fondation du couvent* et les *chapitres provinciaux*, nous eut été du plus grand secours pour la rédaction de la présente note, mais il nous a été impossible d'en retrouver la trace. Les archives départementales des Bouches-du-Rhône ne possèdent pas le moindre document relatif aux Capucins de Marseille.

foule nombreuse que l'attente d'un événement intéressant paraissait vivement préoccuper.

C'est qu'en effet, le 3 février de l'an de grâce 1603 avait été indiqué à tous les couvents de la région pour la célébration du chapitre provincial, et l'humble monastère de Marseille choisi pour la première fois comme le lieu du pieux rendez-vous.

C'est en cette assemblée que les gardiens, les supérieurs des diverses maisons, rendaient compte de leur gestion et se démettaient de leur office ; on y nommait leurs successeurs, on y promulguait les règlements nécessaires au bon gouvernement de la province, et l'âme des pères, plus dégagée des soucis de ce monde, s'y retrempait dans la prière et le silence pour mieux combattre les combats du Seigneur.

Mais ce qui par dessus tout intéressait les Marseillais, ce qui les amenait ainsi en foule joyeux et impatients, c'était une nouvelle inattendue : le P. Laurent de Brindes devait présider le chapitre, et la ville allait avoir le bonheur de contempler ses traits, de posséder quelques jours le fameux Général des Capucins.

L'homme dont la venue seule mettait ainsi en émoi la population de notre ville n'était point en effet un religieux vulgaire.

Né à Brindes, comme son nom l'indique, de la famille de' Rossi, le P. Laurent était entré en 1576 dans l'ordre de Saint-François, et en avait successivement occupé les plus hautes dignités.

Employé à de délicates missions par les papes Clément VII, Paul V, Grégoire XV et Urbain VIII ; chéri de l'empereur d'Allemagne, dont il avait accompagné les troupes contre le Grand-Turc, honoré de la confiance des rois et des reines de l'Europe, l'éminent religieux était devenu non moins célèbre par sa science peu commune, ses conférences hébraïques faites aux juifs italiens, et les nombreux miracles que le Seigneur ne cessait d'opérer par tout en sa faveur.

Elu Général des Capucins en 1602, il avait résolu de parcourir toutes les provinces de son ordre et de se rendre compte par lui-même de l'état de la Religion.

Emporté par son zèle, depuis un an il était parti. Son voyage à travers l'Italie, la Suisse, l'Allemagne et la France n'avait été qu'une suite d'ovations et de triomphes. Sa modestie en souffrait cruellement, mais telle était la dévotion populaire envers ce saint personnage, qu'il avait en vain tenté plusieurs fois de se soustraire à ces réceptions enthousiastes. On l'attendait des journées entières, des messagers annonçaient son approche, et les portes des couvents, les portes même de sa cellule étaient impuissantes à contenir la dévotion de la multitude.

On comprend maintenant l'animation qui régnait à la porte d'Aix : l'illustre Général s'avançait.

Son arrivée était à peine signalée qu'une foule innombrable de peuple, dit un de ses biographes, sortit de la ville pour le recevoir en procession au bruit de mille acclamations. (1)

Ce n'était point seulement la renommée du Bienheureux qui poussait les Marseillais au-devant de lui. Un autre motif les y amenait encore.

(1) *La vie du vénérable serviteur de Dieu le P. Laurent de Brindisi*, par le P. Paul de Noyers, capucin, — Avignon, 1737 in-18, p. 148. Il existe plusieurs autres vies composées par le P. Ange Maria de Voltaggio, — dont le P. Paul de Noyers n'est qu'un abréviateur, — par le P. Bonaventure de Cocallio, — par le P. Jean-Chrysostome de Béthune et par deux autres anonymes imprimés à Venise et à Florence au siècle dernier, - sans compter celle du P. Maïeul, que nous citerons plus bas.

Entouré de parents et d'amis, un muet attendait le serviteur de Dieu dont les nombreux miracles nourrissaient en son cœur une douce espérance.

Elle ne fut point trompée. Voici en effet comment s'exprime le biographe :

« Un muet, que le désir de voir le serviteur de Dieu avait entraîné dans ce concours, fit tous ses efforts pour percer la foule, afin de pénétrer jusqu'à lui.

Il y réussit, et prosterné à ses pieds, il lui baisa l'habit et le conjura, par des signes pleins de respect, de lui rendre la parole.

Le B. Laurent, touché de son état, lui donna sa bénédiction, et aussitôt la langue du muet célébra les louanges du Très-Haut et celles du saint Personnage, du ministère duquel il s'était servi pour la délier.

La vue de ce prodige remplit d'admiration et d'enthousiasme la multitude qui en fut témoin, et le Thaumaturge fut conduit au couvent, au bruit des acclamations et des cris de joie d'un peuple naturellement vif et sensible. » (1)

Un autre incident, moins remarquable il est vrai, mais non moins intéressant, signala encore le séjour du bienheureux Laurent de Brindes au couvent des capucins de Marseille.

Nous laissons de nouveau la parole à son historien, qui avait, sans doute, pu recueillir le fait dans les mé-

(1) *La vie du bienheureux Laurent de Brindes, général des Capucins*, par un Académicien des Arcades de Rome. — Avignon, 1784, in-12, p. 141.— Cette vie est attribuée au P. Maïeul. Cf. aussi le P Paul de Noyers, p. 148; le P. J.-Ch. de Béthune, p. 37.

moires du couvent, mémoires dont nous déplorons amèrement la perte (1).

« Ce qui contribua à soulager un peu son humilité, excédée par tant d'éloges et d'honneurs, ce fut une mortification qu'il eut à souffrir le soir même de son arrivée, par la méprise du religieux qui avait soin de la dépense. Le pieux général, qui ne voulait pas la moindre distinction au réfectoire, eut, comme tous les autres, un pot de terre qui devait contenir, aux termes des constitutions, du vin modèrément trempé. Le dépensier, ayant à part une bouteille de vinaigre, en remplit le pot du général, croyant apparemment lui servir d'excellent vin. Pendant tout le repas le saint homme, qui était fort altéré, fut réduit à cette boisson ; et comme il lui était ordinaire de méditer continuellement la passion de son divin Maître, il fut enchanté de trouver l'occasion d'être, comme lui, abreuvé de vinaigre.

L'estime générale que l'on avait pour la vertu du B. Laurent, fit découvrir l'erreur involontaire du Cellerier.

Quelqu'un ayant voulu, par dévotion, goûter la boisson qu'on lui avait servie, fut étrangement surpris quand il aperçut que c'était du vinaigre violent.

Le Provincial et le Gardien. instruits de ce qui venait d'arriver, voulurent faire des excuses au saint Général qui, pour toute réponse, dit, avec un air riant, qu'il aimait beaucoup mieux boire du vinaigre au couvent, que de recevoir l'encens importun qu'on lui prodiguait en ville.

Ce trait vient à l'appui de tant d'autres, pour montrer toujours plus combien il était humble et mortifié (2). »

(1) Cf. P. Maïeul: préface, p. IX.

(2) *La vie du B. Laurent de Brindes.* — Avignon, 1784 in-12, p. 142;— le P. Paul de Noyers, p. 144.

Après avoir présidé le Chapitre provincial, le B. Laurent de Brindes prit la route du Languedoc où l'attendaient encore de nouveaux honneurs.

Le souvenir de son passage et le doux parfum de ses vertus demeura longtemps à Marseille. La population, déjà fort attachée à l'ordre des Capucins, redoubla ses témoignages de sympathie.

Grâce aux secours nombreux qu'ils reçurent, les religieux purent reprendre leurs travaux longtemps interrompus et achever les constructions du monastère. L'église en fut consacrée en 1611 par Jacques Turricella, évêque de Marseille, et perpétua en Provence la mémoire des faits qui y marquèrent le passage du Bienheureux.

C'est probablement à ces souvenirs qu'il faut attribuer les biographies du général italien, publiées à Avignon par les capucins de Provence, ainsi qu'un beau portrait sur cuivre, gravé dans la même ville, d'après les dessins de P. Labruzzi, par un graveur provençal signant *J. B. G*$^{t}$. *S.* qui se vendait *chez Coste, marchand d'estampes près la Juiverie, à Avignon*, et qui fait partie depuis peu de temps du Cabinet des Estampes de la Bibliothèque de Marseille.

Marseille. — Typ. Marius Olive, rue Sainte, 39

# NOTES

POUR SERVIR A

# L'HISTOIRE DE PROVENCE

PAR

V. LIEUTAUD

Bibliothécaire de la ville de Marseille

Membre de plusieurs Sociétés savantes

**N° 18**

## UN TROUBADOUR APTÉSIEN

**De l'ordre de Saint-François**

XIVe SIÈCLE

**MARSEILLE**

BOY FILS, M. LEBON

Libraires

**AIX**

MAKAIRE, LIBRAIRE

Rue Pont Moreau, 2

**1874**

3

# ONT DÉJA PARU

N° 1. Elections municipales à Berre (B.-du-R.), 6 janvier 1396.
N° 2. Un Dîner officiel à Jonquières (Vaucluse), 17 février 1725.
N° 3. Vente de la ville de Moustiers (B.-Alpes), 27 mars 1313.
N° 4. Lou Rouman d'Arle, fragment d'un poème provençal inédit.
N° 5. La Croix de Provence et la Croix en Provence.
N° 6. Le Pape Léon X, archevêque d'Aix, 8-20 juin 1483.
N° 7. A. de Ruffi et P.-J. de Haitze, Correspondance inédite.
N° 8. Discovrs prodigievx de ce qvi est arrivé en la comté d'Auignon avec pl.
N° 9. Proverbes topographiques provençaux.
N° 10. Les Péages du comté de Forcalquier au XIIIe siècle.
N° 11. Reddition du chasteau de Gavy (Var). — XVIe siècle.
N° 12. Les Criées municipales à Marseille. — Décembre 1319 avec fac-simile
N° 13. La Saint-Antoine à Mornas (Vaucluse).
N° 14. Le B. Laurent de Brindes à Marseille. — 3 février 1608.
N° 15. Un Troubadour Aptésien de l'ordre de Saint-François.

IL PARAIT DOUZE NUMÉROS PAR AN

(Tirés à très-petit nombre)

**Prix de l'année courante : 10 Fr.**

**Prix de l'année précédente : 20 Fr.**

PRIX DES NUMÉROS SÉPARÉS :

| | | |
|---|---|---|
| N°s 9, 10, 13 14 | Fr. | 1 50 |
| N°s 2, 6, 7, 11 15 | » | 2 00 |
| N°s 1, 3, 12 | » | 2 50 |
| N°s 4, 5, 8 | » | 3 00 |

Hommage de l'auteur
V. Lieutaud

# NOTES

POUR SERVIR A

# L'HISTOIRE DE PROVENCE

PAR

V. LIEUTAUD

Bibliothécaire de la ville de Marseille
Membre de plusieurs Sociétés savantes

N° 15

## UN TROUBADOUR APTÉSIEN

De l'ordre de Saint-François

MARSEILLE
BOY FILS, M. LEBON
Libraires

AIX
MAKAIRE, LIBRAIRE
Rue Pont Moreau, 2

1874

Tiré à 100 exemplaires sur papier ordinaire
« à 5 exemplaires sur papier de Hollande.
« à 2 exemplaires sur papier de couleur.

N° 52

# UN TROUBADOUR APTÉSIEN

**De l'ordre de Saint-François**

---

I

La gloire d'avoir attaché son nom à l'harmonieuse langue dont se servirent les troubadours est sans contredit l'une des plus éclatantes de notre Provence.

Limousin, Gascogne, Languedoc ont tour à tour fait de vains efforts pour nous la ravir ; la science, justifiant l'usage, n'a point tenu compte de leurs prétentions.

Quel est, en effet, la contrée où ce gracieux idiome fut le mieux et le plus cultivé? Quelle terre lui offrit un plus constant et plus fidèle asile? Quelle province mit à son service une plus grande influence, une force plus active de propagande et d'expansion?

C'est aux accents des poètes du Rhône et de la Durance que, grâce aux Bérengers, l'Espagne et le Portugal apprirent à *trouver*, que, des rives du Pô aux montagnes de Sicile, l'Italie sentit se réveiller la poésie populaire et que, leur Empereur en tête, les *Minnesinger* d'Allemagne bégayèrent leurs premiers vers.

Comme, par un beau soir d'été, de mélodieux rossignols dans un frais bocage, tous alors chantaient, en Provence, se lançant et se renvoyant les gais couplets de la tenson : princes suzerains, nobles damoiselles, moines austères, chevaliers bardés de fer, bourgeois pacifiques et railleurs artisans. Partout le troubadour errant, comme Cercamons, Marcabrus ou Cadenet, était sûr de trouver bon accueil : cordiale hospitalité dans la chaumière, au manoir du baron *cabals e precs*.

Ce mouvement littéraire ne trouva nulle ville insensible. Toutes à l'envi prirent part à ces chants qui, commencés par nos vieux comtes, résonnent encore aujourd'hui sur les lèvres du poète de *Mirèio* et de *Calendau*.

## II

C'étaient dans les montagnes, Forcalquier, Sisteron et Castellane, trois places fortes du pays ; Murs, Aurel et Sault, suspendus aux flancs du Ventour ; Miravail et Vachères, perdus dans les montagnes et les épaisses forêts.

Orange, Avignon, Tarascon et Arles avaient leurs poètes et leurs pléiades. Les cours d'Amour siégeaient à Signe, à Pierrefeu et à Romanil, et les bords de la Durance écoutaient attentifs les strophes de Guy de Cavaillon, de Bertrand de Puget ou de Guigues de Cabanes.

Hyères et le Luc, Barjols et Tretz, Lamanon et Saint-Remy prenaient part à l'harmonieux concert, et la Haute-Provence faisait redire à l'écho ces syllabes sonores que la Basse-Provence jetait insouciante sur les rives enchanteresses de sa mer aux flots d'azur.

Au centre du pays, entre la plaine et la montagne, l'antique capitale des *Vulgientes*, Apt, fille de Jules César, ne restait point muette et, commençant dès lors à mériter sa vieille réputation littéraire, possédait un poète en chacun de ses enfants.

Brillante des reflets que projetait autour d'elle l'heureuse ville des papes, fière de ses illustrations religieuses autant que de ses souvenirs romains, glorieuse surtout des reliques de l'aïeule du Sauveur, elle mêlait sa voix aux accents qui, de partout, faisaient tressaillir la terre provençale.

Malheureusement rien ou presque rien de cette intéressante période n'a pu traverser intact les siècles d'indifférence et de dédain qui nous en séparent. De sa dent *edace* le temps en a rongé tous les monuments ; les poètes se sont tus, l'histoire a gardé le silence et les manuscrits même semblent n'avoir point échappé à une fatalité déplorable.

Le nom de *Rainol*, il est vrai, survit encore à ce naufrage. Mais qu'en reste-t-il ? quelques lignes biographiques, quelques pièces disputées par d'heureux rivaux, quelques *vers* plus propres à nous donner des regrets que des connaissances.

Toute une glorieuse période, toute une époque littéraire ne saurait cependant sombrer ainsi et le hasard sans doute nous ménage à ce sujet plus d'une surprise heureuse.

## III

C'est du moins ce que nous permet de conjecturer une bonne fortune qui nous est arrivée en feuilletant naguère les pages d'un vénérable livre en parchemin, conservé au Muséum-Calvet d'Avignon, sous le titre de *Poésies Romanes*.

Ce manuscrit, petit in-8°, appartenait jadis à la Chartreuse de Villeneuve-lez-Avignon. Il comprend 30 folios d'une écriture dont les caractères se rapportent à la dernière moitié du XIVe siècle.

Dans son état actuel il ne contient que deux poésies liturgiques en langue provençale : fos 1-9, traduction des psaumes pénitentiaux, et fos 9-30, paraphrase des litanies des Saints.

Il a dû évidemment comprendre jadis beaucoup d'autres pièces, car le commencement du volume manque et le fo 1 ne nous offre qu'un fragment du *Miserere* (Ps. 50). Les psaumes 6, 31 et 37 ont seuls été conservés, tandis que les trois premiers font complétement défaut.

Contrairement à ce que l'on rencontre dans d'autres mss. contemporains, les vers sont disposés en colonne et non bout à bout. Chaque page en contient treize environ dont un trait rouge marque l'initiale. Le commencement de chaque strophe est, pour les psaumes, signalé par un ¶ rouge. Une majuscule de même couleur marque celui du psaume, et celui de la strophe, pour les litanies.

Malgré le peu de finesse du parchemin et le frottement séculaire de ses pages qui, en plusieurs endroits, a fait disparaître l'encre, la lecture n'offre aucune difficulté sérieuse.

Mais si le scribe laisse peu à désirer comme calligraphe, on ne peut également louer sa fidélité de copiste. Les fautes nombreuses — de quantité, de langue, de lecture — que l'on trouve presque à chaque vers, démontrent en effet que nous ne possédons point l'original et que ces vers ont été transcrits avec un fâcheux laisser-aller.

Nous nous permettrons d'en corriger les fautes mais

en indiquant au bas de la page la leçon du ms. Les syllabes indispensables au rythme, omises par le copiste, ont été çà et là suppléées et placées entre parenthèses. Enfin, quelques passages sont tellement corrompus, que toute restitution serait téméraire. Nous n'y touchons pas Un jour peut-être, un nouveau ms permettra d'en rétablir la véritable leçon.

## IV

Le petit poème qui fait l'objet de ce travail contient, sans compter la strophe initiale, cinq cent trente-quatre vers divisés en soixante-sept octaves octosyllabiques rimant uniformément en *ababcdcd*.

C'est une traduction ou plutôt une paraphrase des litanies majeures dont l'auteur, négligeant presque entièrement la fin, s'est borné à l'invocation adressée à chaque Saint.

Le trait acéré de la satire, les grâces de l'*alba* ou les finesses de la pastourelle, il ne faut pas les lui demander. Austère et recueillie, pleine de foi et d'abandon, la poésie religieuse ne doit faire monter vers le Ciel que les accents simples et calmes de la prière. Ce sont ceux de notre auteur. Les pieux récits de la *Légende dorée* servent de trame à sa strophe qui se termine toujours par une humble et douce invocation.

Mais si l'attrait d'une conception originale et poétique, si les formes savantes et recherchées de l'art de *trouver* lui sont étrangères, ce poème, d'une facture facile, n'en offre pas moins une souplesse, une naïveté remplie de grâce et soulève en outre plus d'une intéressante question.

Quel en fut l'auteur ? Un poète inconnu ou bien un de ces troubadours qui finirent sous le froc leur vie d'artiste et dont l'histoire nous a conservé le souvenir ? Quand vivait-il ? Quelle était sa profession ? sa patrie ? Autant de problèmes que nous allons tâcher d'élucider en quelques mots.

A notre connaissance, cette paraphrase est le seul document qui puisse répondre à nos questions. C'est à elle seule que nous devons demander des explications. Interrogeons-la donc avec soin.

Un premier fait est incontestable : notre poète était franciscain. La strophe placée en tête de son œuvre ne laisse aucun doute à ce sujet :

> Lascals a, per cert, dechadas...
> Un endigne filh e frayre
> De sant Frances, tot de plan.

Et ceci ne doit point nous surprendre. Tandis qu'au XIIIe et au XIVe siècles le clergé et les ordres religieux se tenaient confinés dans les chaires des Universités ou des églises, le Frère Mineur, lui, à l'exemple de son illustre fondateur, ne se séparait point du peuple, dont il sortait. Il lui prêchait de parole et d'exemple. Toutes les formes lui étaient bonnes pour atteindre ce but : allégorie, symbolisme, enseignement, poésie, surtout la poésie, la vraie poésie populaire.

Saint François lui-même en donne l'exemple. Cet homme passionné pour les pauvres, comme on l'a si bien dit, ne veut chanter que dans la langue du peuple. Avec lui, après lui chante cette pléiade qu'Ozanam a mise en lumière dans ses *Poètes franciscains en Italie :* S. Bonaventure, Frère Pacifique, Jacomin de Vérone et Jacopone de Todi, ce fou sublime auquel l'Eglise doit le chef-d'œuvre qui s'appelle *Dies iræ.*

Lorsque, passant les monts, saint François eut implanté son ordre dans la féconde terre de France, ses religieux continuèrent la tradition, et s'ils n'atteignirent jamais aux sublimes hauteurs de l'*Hymne du Frère le Soleil*, ils ne laissèrent pas que de suivre de loin ses glorieuses traces.

Evidemment, notre Franciscain est de ce nombre. Il devait habiter les pays de cette langue occitanienne en laquelle il modulait si pieusement.

Mais, pour en déterminer avec plus de précision la patrie, sa paraphrase, nous fournit un précieux indice qu'il ne faut point négliger.

Chaque contrée, chaque diocèse, on le sait, possède des Saints qui, ayant vécu dans la région, y sont plus spécialement honorés. Des oraisons, des offices particuliers, composés en leur honneur, sont insérés dans la liturgie de leur église et c'est là d'ordinaire une indication de provenance pour plus d'un vieux manuscrit ecclésiastique.

Or, mû sans doute par le culte particulier qu'on leur rendait autour de lui, notre auteur a inséré de son propre mouvement deux de ces saints entre tous ceux qu'honore l'Eglise universelle. Ce sont deux saints provençaux : saint Honorat (v. 319) et saint Louis de Marseille (v. 311).

Celui-ci, qui l'ignore? était une gloire nationale pour la Provence. Fils du comte Charles le Boiteux, né en 1274 à Brignoles, où il mourut en 1297, élève du pape d'Avignon Jean XXII, il reposait alors dans le couvent de Marseille qu'enrichissait la libéralité des comtes de Provence, ses parents.

Saint Honorat, l'illustre archevêque d'Arles, le fondateur de Lérins, le patriarche des cénobites provençaux, était pareillement un des saints les plus populaires de notre pays, et l'auteur a soin de résumer en quelques vers la légende que Raymond Féraud, le troubadour du Var, avait rimée à sa louange.

Interrompre ainsi la série liturgique pour y insérer ses saints de prédilection, ne peut être le fait que d'un Provençal, comme saint François d'Assise et saint Antoine de Padoue qui les suivent, décèlent évidemment la main d'un Frère Mineur.

Mais de quelle ville provençale le religieux-poète était-il citoyen? La strophe finale ne peut, à cet égard, nous laisser aucun doute.

La suprême invocation a été traduite : *In die judicii, libera nos, Domine!* Le poème est fini. La coutume imposait un envoi Pour lui obéir, humblement prosterné, le troubadour s'adresse au protecteur de sa patrie et de sa demeure, au saint patron auquel sa ville est confiée par l'Eglise, à saint Castor, en un mot. C'est à lui qu'il a recours : il est son cher père, il lui recommande et l'œuvre et l'ouvrier :

Prec ti, senher, que al peccayre
Qu'esto romans a parlatz
Per vezer lo sieu car payre,
Sant Castor benaurat....

C'est à lui qu'il adresse sa dernière requête pour le terrible passage du temps à l'éternité :

... Cant el sera passatz
A la tieua cara benigna
Per l'Angel sia presentat.

Quel est donc ce saint? Il n'est personne qui ne le sache. C'est le célèbre évêque d'Apt, auquel saint Cassien dédia ses *Institutions* ; c'est le patron spécial de la cathédrale de cette cité et, par conséquent, de tous les fidèles qui en peuplent l'enceinte.

Est-il nécessaire de dire qu'un Aptésien seul pouvait avoir l'idée d'un pareil envoi ? Est-il nécessaire de conclure que notre troubadour était un religieux franciscain de ce couvent d'Apt que saint François fonda lui-même en 1213 (1) ?

Ces conclusions sont, croyons-nous, vraisemblables et elles nous serviront pour déterminer l'époque approximative de la composition qui nous occupe.

Elle n'est certainement pas antérieure à la canonisation de saint Louis, de Marseille, qui eut lieu le 7 avril 1317.

Nous croyons, d'autre part, inutile de prouver que si cette poésie était postérieure à la canonisation de saint Elzéar de Sabran, le pieux franciscain n'eut pas manqué d'invoquer le noble saint qui reposait dans la chapelle de son couvent.

Or, le comte de Sabran, mort à Paris le 27 septembre 1325, inhumé en 1325 ou 1327 dans le couvent des Cordeliers d'Apt, fut canonisé par Urbain V, le 16 avril 1369.

Il faut donc placer dans l'espace qui sépare les années 1317 et 1369 la composition de notre petit poème.

Mais, dans cet espace d'un demi-siècle, une année pourrait-elle être encore précisée? La chose est bien

(1) Remerville : *Hist. de l'Eglise d'Apt*, ms. de de la Bibliothèque de Marseille, p. 240. — Boze : *Hist. de l'Eglise d'Apt*, p. 133. — L'étude de la langue du poème pourrait peut-être nous fournir encore quelques preuves ; mais, outre la corruption de notre texte, nous ne croyons pas les études sur les dialectes provençaux du moyen-âge assez avancées pour permettre avec certitude une détermination quelconque.

difficile. Toutefois, en rapprochant ces élans, cette dévotion ardente pour saint Castor, avec le redoublement de zèle que la ville d'Apt manifesta à son égard, avec le renouvellement de son culte qui signala l'avénement de l'évêque Ramon II de Bot sur le siége de saint Auspice, il serait possible d'assigner à nos vers la date approximative de 1320.

C'est, en effet, le premier dimanche de mai de l'an 1320 que le magnifique buste en vermeil, aux armes des Bots, construit aux dépens de l'évêque, reçut le crane de saint Castor (1) et donna lieu aux fêtes les plus splendides.

On peut de plus rapprocher de cette date les magnificences qui marquèrent à Marseille, le 8 novembre 1319, la levée du corps de saint Louis, en présence de trois têtes couronnées, de quatre cardinaux, d'un grand nombre de prélats — parmi lesquels figurait l'évêque d'Apt, — d'une noblesse nombreuse et d'une foule de personnes de distinction (2). Le récit de ces belles cérémonies parcourut la Provence et l'on conçoit aisément le motif pour lequel notre poète ne pouvait oublier, dans sa paraphrase, le bienheureux prince, illustration de sa patrie et de son ordre, à la sainteté duquel le frère François d'Apt, son confesseur, n'était pas étranger.

En revanche, son silence absolu sur saint Elzéar de Sabran, confirme encore cette date d'une manière plus précise, car ce n'est qu'en 1325 ou 1327 que son glorieux corps fut inhumé dans la chapelle des Frères Mineurs aptésiens.

Resterait maintenant à soulever le voile de l'anonyme qui recouvre le religieux-troubadour. Nous avouons ici notre impuissance.

Qu'il nous suffise d'avoir trouvé dans un *Monge d'At* un émule du *Monge de Montaudon*.

Au lecteur de juger et de nos arguments et du mérite de l'œuvre dont nous ne voulons pas le priver plus longtemps.

(1) Remerville : *Ibid.* p. 110 — Boze. pp. 39 et 168. — Rose : *Etudes hist. et religieuses.* p. 143.

(2) Belzunce : *Hist. des Evêques de Marseille*, II, 169. — Ruffi : *Hist. de saint Louis.* p. 80. — Rose, *ibid.* p 144.

**(F° 9)** *Las letanias romansadas totz homs ysi trobara, lascals a, per[1] sertz, dechadas, per totz los cors endreysar[2], un endigne fil e frayre de Sant Frances totz de plan, e qui las volra retrayre en aysin comensara :*

(v°) Heu ! forfacha creatura
C'ay laisatz mon creator
E segut s(en)es mesura
Del mo..n las falsas honors
Vuelh ad el merce requerre
Que mi perdon mas folors
E mon cor plus dur que ferre
Fassa mol per sa dosor.

Senher Dieu, eternal payre,
Que tu as lo mont format
Cel e terra e mar e l'ayre
Et yest en la Trenitat
Tota premiera pressona,
(f° 10) Fon de la Devinitatz,
Tu, senhe(r), a mi perdona
Per la tieua gran bontatz.

Fil de Dieu, Ihu Salvayre,
Homo e Dieu verament,
Que de Dieu solet lo payre
Nasquiest tu eternalmens
E volguist del cel deysendre
Per lo nostre salvament
Plasa ti, senher, de rendre
So qu'ieu quer an cor dolent.

Sant Esperit en qui esperi,
Lume(s) e font de bontatz,
(v°) Hyeu sertanamens (m)e crezi
Que la ti(e)ua magestatz
Prosezist ensems del Payre
E del Fil benaurat,
Tu mi dona ben a fayre
E mi aleuges de peccatz.

Ay ! benezetas pressonas
Creze e say vos per ver dir
Quez etz un Dieu tota hora
Ni mays ni mens, sens mentir,
Al cal nulha ren que sia
Pot escapar ni fugir
Senher, merce ti queria
(f° 12) Qu'ieu ti pogues ben servir.

Mayre Dona que yest reyna
De tot cant Dieu a socsi
A mi, Verges, tu enclina
Per lo gran ben qu'es en ti
De mi, caytieu tan endigne,
Merce aias a la fi
E ('l) tieu car Fil tan benigne,
Ti plasa, pregues per mi.

Senher sant Miquel arcangel,
A tu mi rendi premier,
Que yest per cert aquel angel
Que prenes al jorn derier
(v°) Dels fizels de Dieu las armas
Et emest passionier,
Tu escuzes las mieua(s) falhas
Davant lo Rey drechurier.

Senher sant Guabriel, mesage
Que fust per Dieu elegutz,
Per ben del uman linhage,
A portar tan grans salutz
Quant dieysist : *Ave Maria*
Per que'l mont fon rezemut,
Prec ti que fassa totz dia
Qu'ieu, las ! non vengua perdutz.

Sant Raphael, sies m'en ajuda :
(f° 13) Meje yest de Dieu sertans ;
M'arma es a mal venguda,
Car per sert mon cor es vans
A tu comande ma vida,
Garda mi de malas mans
E preguiera fai complida
Qu'ieu sie al gauch sobeyran.

A totz ensens mi comandi
Agels de Dieu humilmens,
Hieu a totz conselh demandi
Que mi ajudes brie(u)mens.
Vulhas tostens mi defendre
De totz enfernals tormens
(v°) E pregui(e)ra a Dieu rendre
Per totz mos defalhimens.

1 Ms. : *apert.* — 2 Ms. : *per endreysar totz cor.* — Vers 34 Ms. : *crezes e. s.*
35 et 36 Ms : *et est an Dieu t. h. Ni ma ni m. s. m.*
39 Le f° 11, r° et v°, fait partie de la traduction des psaumes qui précède. C'est un fragment du *Miserere.*
46 Le ms. porte : *m. a. a la fin.* — 53 Le ms. porte : *dels fisels las a.*
57 Ms. : *tu s. s. G. m.* — 66 *Meje* pour *metje.* — 72 Ms. : *q. siea a. guach s.*
74 Ms. : *Aagels d. D. h.*

Senher sant Johan Baptista
Que fust per Dieu marturiatz,
La tieu testa fon requista
El tieu sanc fon escanpatz
Per conselh de Rodiana
A cubrir sa malvestat;
Tu, m'arma que es tan vana
Fay perdonar sos pecatz.

Senher sant P(eire) de Roma,
La tieua ajuda requier;
En tu es d'onor li summa
(f° 14) Car en tot fach fost premier.
Mes en cros per fe crestiana
Fustz tu pauzatz en derier,
Tu per mi perdon demanda
Davant lo Rey drechurier.

Sant Paul sobeyran maistre,
Motz as lo mont ensenhatz;
Tu en la cieutat d'Alestre
Verament fust lapidatz,
Salvant los autres martires
Fust puesas decapitaz,
Tu, senher, los mieus sospires
Eysauses per ta pietatz.

(v°) Sanct Andrieu, glorios payre
Que(z) en Gressia prediquiest,
De sant Peyre fust tu frayre
E Ihu Crist mot amiest;
Sus en la cros ti leveron,
Dos jors per entier istiest;
Tu iestz cel que m'arma queres,
Defentz mi, car pietos yes.

Sant Jaume de Conpostella
Que fust frayre sant Johan,
An ti troban en Conpostella
Perdon, romieus con l'anan.
Tu perdiest per Dieu la testa
(f° 15) Apres Crist lo premier an,
Fay me venir a ta festa
E mi garda de totz dan.

Sant Joan, en ti ay pauzada
Tota ma fe de present:
A tu fon recommandada
Li mayre de Dyeu plazentz,
Pueys per la fe crestiana
Fustz pausatz en oli bolhentz,
Tu amor mi tol mundana
E de totz mal mi defentz.

Sant Tomas de Dyeu apostol
Que amiest Dieu coralmens
(v°) Non trobi(est) savi ni consol
Messaje an mays de sens
So que li autres crezian
Volguist proar sertamens;
Las tieuas preguieras mi sian
Perdon de mos falhimens.

Sant Jaume, con yest benigne
De l'autre c'ay dich desus,
Home tant sant e tant digne
Que fust semblant a Ihesus
Tu fust per ta santa vida
Derocatz del temple jus,
Ajuda fai mi complida
(f° 16) Qu'ieu hueymays non pecqui plus.

Sant Felip, benastruc payre
Que es Laze somaritan
Ajudiest premier a trayre
De la error los paguans
Et aguist ij. santa(s) filhas.
Que te jassian davant.
Tu de mi fay meravilhas,
Que ieu non sia tan van.

Sant Bertomieu, tu reclami
Que fust vieus escortegat,
Tol mi que yeu non tant ami
D'aquest mont la vanetat.
Sant apostol, tu m'ajuda
Rezem mi de mos peccatz,
Car de tant santa persona
Vulh ades esser membras.

Sant Matyeu, la tieua vida
Mi trametas per pietatz,
Que m'arma non sya vendida
Al demoni per peccatz;
Domen que dizias la messa
Fust per Dieu marturiatz,
Fay senher que yeu pogessa
Ben servir a Dieu en gratz.

Sant Simon, la tieua (a)juda
(f° 17) Ay bezonha (e) del prec tieu
Hyeu per sert ay gran pendensa
Senher, dels falhimens mieus;
Per tu fon lo convertida
Guanren de gens, so say yeu;
Fay, bon payre, que ma vida
Sia tota plazent a Dieu.

93 Ms.: *Fost m. e. c. p. la f. c.*
96 Ce vers semble appartenir à la fin de la strophe de S. Michel: *Omoioteleuton*
99 De Lystra. — 103 Ms.: *t. s. l. n. sospis.* — 113 Ms.: *Q. f. f. de S. J.*
131 Ms. *n* . — 146 Ms. *que es l. s.* — 148 Ms. *d. l. e. dels p.*
171 Ms. *pendensas.* — 173 Lisez: *fon lèu c.*?

Sant Juda, tu, coral payre,
Non yest pas l'autre trachor ;
Mas de bens no(n) ay fach gayre
Prec ti, mi sias defensor.
Tu moris en Ermenia,
Sebelit fust an honor
Per lo pobol que crezia
Ihu Crist nostre senhor.

A tu venc, Sant Matieu
Apostol que sucezist
Ad aquel que per deneyrs
Avia vendut Jezu Crist ;
Pueys prediquiest en Judea
E gran pobol convertist ;
Tu m'ensenha con yeu quera
Los gauch als quals tu venguist

Sant Barnaba, tu regarda
La mieua gran necessitatz
Car ades mi fec gran arda
Dels grans mals en que ay obrat
Tu fust donat per conpanha
(f° 18) A sant Paul ben(a)urat ;
La tieua vida mi valha
Que yeu non sia dapnat.

Tu sant Luc, verge(s) e noble,
Fust plen del Sant (E)sperit
Del cal en Constantinoble
Le tieu cos fon sebelit.
Senher, que fust tan gran mege
E per sant Paul elegit,
Garda mi d'aquelh assege
Qu'el diable l'a establit.

Sant Mar(c), tu fus de sant P.
Decipol adoctrinat
(v°) E fust adordenat preyre
Evesque(s) e mal ton gratz ;
Pueysas lo sant jor de Pascas
Tu fust per Dieu tirassat ;
Prec ti, senher, non t'irascatz
Car yeu malvays t'ay preguat.

A tot(z) enpcemps yeu supliqui
Companha del mieu senhor,
Sans Apostols, qu'ieu entende
Tostems de vosta lausor ;
Princes de la fe cristiana,
Ajudas mi pecador,
Que m'arma sia ben sertana
(f° 19) De venir al Rey major.

Als .lxij. decipols
Que foron tan bons eymols
Que per mandament espres
Que aman sa conpanhia
Duy e duy en napres
Per totz los luoch que predicavas
Que Dyeu del cel hom ames.

Pueys requere yeu l'ajuda
Dels sant petitz Innocens
Que non an tracion saupuda
Ni son agutz mal dizents.
Elegit foron sans taca
(v°) De totas las autras gens,
Prec lur yeu que m'arma (flaca)
Fassa(n) ferma a totz bens.

Prec ti, martir sant (E)steve
Que fust per Dieu lapidatz,
Li tieua (a)juda mi leve
Dels mals en qu'ieu suy trobatz.
Podoros santz, tu m'ensenha
E mi garda, si ti plas,
Que le dyable non me prenna
A far tantos mals peccatz.

Sant Laurens qu'en la graylha
Per Ihu Crist fust raustitz,
(f° 20) Ben mi daria meravilha
Si ara non era eysa(u)zit.
Tu que nasquiest en Espanha
Et a Roma fust nuyritz,
Guarda mi de la conpanha
Dels malignes esperitz.

Sant Vincens la tieua vida
Mezist per nostre senhor.
Per tu receup en partida
Una bona gran honor
E valhansa et onransa
Atressi per ta valor,
Fay que m'arma sia salvada
(v°) Per la ti(e)ua gran dousor.

179 Ms. *ganre.*
182 Ms : *s. f. a. gran h.* — 187 Ms.: *A adquel.* Passage corrompu.
196 Ms. *d. g. m. e. q. ya ob.* — 207 Ms. *assage.*
216 Le copiste a interverti ces deux derniers vers. Le ms. porte au dernier : *C. y. m. c'ay p.*
222 Ms. *A. a mi p.* — 225 Strophe corrompue. — 232 Ms. *la vida.*
236 Ms. *E. f. s. set t.* — 241 *L. t. vida.* — 251 : *Si era n. e. e.*

Sant Blazi, a tu vulh requerre
Qu'ieu ti sia recommandat,
Car an grans pyenches de ferre
Lo tieu cors fon esguiras,
Pueys, per lo derer martire,
Fust puesas decapitat :
Fay an Dieu que yeu adire
La viltat de mos peccatz.

Sant Gorgi, en tu ay fiansa
Per que lo tieu nom requier ;
Home veray sens duptansa
Fust e lial cavalier ;
(f° 21) Tu desliuriest la Reyna
Del dragon tot per entier,
La mieua arma tant mesquina
Mi defent al jor derier.

Sant Cristol, tu ma preguiera
Eysausa per ta pietat ;
Dona mi, senher, maniera
Con yeu layse tot peccat
Tu que per Dyeu an sagetas
Aguist ton cor tot traucat
Fay, senher, que tu me metas
En la via de veritat.

A totz emsens hyeu mi rendi
(v°) Martirs de Dieu coronatz.
De totz cant es yeu entende
Esser breument melhuratz.
En guanren trop de manieras
Fost per Dieu martiriatz.
Fes que las vostras preguieras
M'alaugon de mos peccatz.

Sant Martin, hyeu a tu veni
Evesque de tos guausentz ;
Hyeu a la gent fe non teni
Non suy a Dieu concezentz :
Plasa ti que per mi fassas
Oracion a luy prezentz,
(f° 22) Qu'ieu non passi tantas brassas
Cant yeu fauc marrit dolent.

Sant Nicolau, dous car payre
Que fust sebelit a Bar,
Hyeu non say tos bens retrayre
Ni tot(z) tos bens recontar.
Li tieua vida eslumena
Totz sels que ben volon far ;
Tu mi guisa ben a fayre
Qu'ieu ben mi puesca salvar.

Sant Loys, tu de Marsselha,
Tu lo rialme conquist
E fist so que Dieu conselha
(v°) Nostre senher Jhu Crist ;
Evesque fust de Tholosa
E gran miracle que fist
La mieua arma tant ployroza
Consira que non sia trist.

Sant Honorat, tu requere,
Nebot del rey Aygolant,
Que de regne ni d'enperi
Non volguist ni tant ni cant ;
Del rey Andriau lo tieu payre
Ti enbliest, veray cos santz ;
Ajuda mi tu a (m) trayre
Del mals en qu'ay tant estatz.

(f° 23) Sant Frances, que comensiest
L'orde dels frayres menos,
El tieu cors (sant) tu portiest
Las plagas e las dolos
De la mortz de Ihu Crist
La qual el sostent per nos,
Tu mi fay istar avist
Contra 'ls demonis trachos.

Sant Anthoni, que d'Espanha
A Padoa venguist fenir,
Fay que yeu leu (mi) pertanha
Dignamens a Dieu servir.
Dona mi, senher, maniera
(v°) De tot peccatz afigir
E mi mostra la cariera
Qu'ieu puesca ad cel fugir.

A totz emsems, las ! peccayre !
Mi torn als sans confesors.
Prec vos que yeu puesca fayre
Conte de vostre socos,
Vos etz cels que vostra ajuda
Mi prestes a totz onortz ;
Fas que m'arma sia gandida
De las enfernals dolo(r)s.

Gloriosa Magdalena,
Que autra non puesc trobar
(f° 24) Que de gracia fos tan plena
Ni pogues tan Dieu amar
Con tu, coral donna mieua,
Que podes an luy tan far
An l'ajuda dousa ti(e)ua
Mi fay de totz perdonar.

263 Ms.: *s. B. a t. vulhel querre.* — 272 Ms.: *P. l. t. non r.* — 276 Ms.: *D. Gragon.*
295 *m'a.* pour *m'aleujon.* — 302 Quand je défaille. — 314 Ms.: *N. S. Dieu I. C.*
318 Ms.: *C. g. n. s. trista.* — 323 *D. R. A. l. tieau p.* — 324 *T. e nbliuust v.c.* .
342 Ms.: *Q. p. ad zel f.* — 346 Ms.: *V. et els q. v. iuda.*

Santa Marta, ma preguiera
Ti plasa vuelhas auzir,
Car en tu ay fe entiera
E ti volgra mot servir.
Ihu Crist el en persona
Lo tieu cor volc sebelir.
Verges donna, tu mi dona
(v°) Qu'ieu a(z)el puesca servir.

Santa Agnes, verges tan pura
E tozeta de .xiij. ans,
Sostengu(is)t la mort tan dura
E fezist miracles grans :
Tu per mi Ihu Crist pregua,
Senher del senhoregans,
Que yeu, las ! pecador, segua
Las peadas del cos sans.

Dona santa Catherina
Filha del rey terenal
Que puy remanguist reina
Apres ton payre carnal,
(f° 25) Tu jove perdiest la testa
Per lo rey celestial ;
Fay que yeu venga a la festa,
Al regne perpetual.

Verge dona santa Clara
Digna de totas honos,
Gloriosa tu m'apara
E mi tramet ton socos.
Lo mieu cos tu elumena
Et eysauses los mieus plos,
Tu que fust de vertutz plena
E de totas resplandos.

A tu, verges Santa Lucia,
(v°) Temple del Sant Esperit,
Que per nulha maystria
Ton cor non poc esser aunit
Tu fust tost decapitada
Per ton Dieu, que lo grait ;
Fay qu'em breu mi sia donada
Gracia qu ieu sia eysauzit.

Santa Guata, verge proada,
Sya ti recomenat.
Tu fust greumens turmentada
Els piecs aguist arabatz ;
L'angel à ta seboutura
Si s'entenc acompanhatz
(f° 26) E fon i an vestidura
De sobre noble sandatz.

Santa Cecilia honrada
Que per nostra fe morist,
E fust per l'angel gardada
E ton espos convertist.
Ensenha mi ben a fayre
E mi fay estar avist ;
Pregua per mi lo tieu payre,
Coral amigua de Crist.

Verge santa Marguarida
Que fust messa en preons
Don fust grieumens envazida
(v°) Per aquel malvays dragon,
Li cros ti fon en ajuda
Don venc a destrucion
Prec ti que sias entenduda
D'acabar mi totz perdon.

Santa Anna (d'At) preciosa,
Avia de Nostre Senhor,
Per ta filha gloriosa
Ti porta om tan d'onor.
Plasa ti que mi defendas
De totas mortals dolos
E l'amor de Dieu mi rendas
D'acabar mi totz perdon.

(f° 27) Vos totas, verges gauzentas
Qu'el mont non aves amatz,
Ni volgest esser consentas
De perdre vergenitatz,
Requere que vostra ajuda
Mi trametes per pietat,
Que m'arma sia rezemuda
Els mieus mals sian perdonatz.

Senher mieu, Ihu Salvayre
— Que totz los sans ay preguat
Car per mi, caytieu pecayre,
Davant tu sian avocatz, —
Plasa ti que lur preguiera
(v°) Eysauces per ta pietat,
Que yeu en totas manieras
Puesca venir afiatz.

367 Ms.: *S.A. v. proada.*
372 L'emploi du G dur pour J, dont nous avons ici un exemple, n'est pas rare dans les textes provençaux.
379 Peut-être doit-on lire ce vers: *Ti cove perdre la testa ?*
385 Ms.: *G. t. m'enpera.* — 394 Ms.: *Tont c. n. p. e. a.*
395 Ms.: *T. f. lo d.*—396 Ms.: *Per nom Dyeu lograit.*—400 Ms.: *S. t. comandada t.*
405 Ms.: *E. f. I. a. vestroura.* — 420 : *D. v. ad estrucion.*
430 Le copiste inattentif a évidemment répété ici le dernier vers de la strophe précédente et omis celui qui devait s'y trouver. Cf. vers 96, *idem.*
435 Ms.: *R. q. v. vida.*

Tu sabes que carn humana,
Senher, per mi receupest;
Ta mayre fezist germana
De la verge on venguest:
*Donx, si tu non mi perdonas*
Ben mi puesc tenir per trist,
Car aquel ben non mi donas
Per que morir tu volguist.

*Tu lo sant jort* de Calenas
De mayre verge nasquist
(f° 28) Solamens per mas fazennas
En aquest mont tu intriest:
Al re el cos non t'istava
*En al re non* trebalhiest
Mas aco que tu amavas
D(e) dapnacion rezemiestz

Tu rezemiest lo baptisme
*E apres le flun Jordan*
Senher Dieu. fil del Aptisme;
Johan lo det de sa man.
Mas tu mestier non n'avias
Ni non lo ronpiest en van.
*Donx, tu per mi o fazias*
(v°) Qu'ieu fos mundatz de totz dan.

Tu fezist la carantena
Foras, en luoc descubertz:
Per mi volguist tan grieu pena
XI. jors el dezertz
*Aqui ve(n)quiest lo demoni*
Cant l'aguist guanren sufert;
Ayso m'es donx testimoni
Que merce m'auras per cert

*Mort e passion as suferta*
Per mi tant vil peccador.
Adonx fon li fons uberta
De la tieua gran dosor.
(f° 29) E fon amor ses mezura
*Que tu, eternal senhor,*
Per mi tan vil creatura
Portessas tan de dolor.

Pueysas que aguist vencuda
*La nostra mortz* gen(e)ral
La vida qu'avia perduda
Restauriest totz per egual

Avant que ressucitessas
Lo tieu cor era mortal
Pueys fon digne qu'l mudessas
A vida perpetual

Et en apres si con tanhia.
(v°) *Senher, al cel t'en montiest*
Mas la santa companhia
Del(s) Apostols sa laysyest
Per so que nos ensenhesan
So que tu per nos obriest
E *quez (en) ple nos mostressan*
Del amor que nos portiest.

Domens qu'el dous esperitz
Que de tu auzitz avian,
Un. jortz qu'els *empsems* estavan,
Lur venc lo Santz Esperit
*Per local en pauc de temps*
Totz lo mont fon convertitz
(f° 30) E tuch li fiels ensems
Foron ensems raunitz

Estas cauzas as tu fachas,
Senher, per nos peccadors
*Et as nostras armas trachas*
De tantas mala(s) erros
Perque donx merce ti clami
Que reguardes los mieus plos
Non vulhas que yeu mi dampni
Pos que tant *as fach* per nos

*Al jorn, senher, del juzizi*
Cant venras lo mont jujar
Hon tra(i)cion ni mal vizi
(v°) Non si poyra amaguar
Plasa ti que mi perdones
*Et non mi vulhas dapnar,*
Mas a totz los santz mi dones
Qu'ieu al cel puesca montar.

Prec ti, senher, que al peccayre
Qu'esto romans a parlatz
Per vezer lo sieu (car) payre
Sant Castor benauratz
Laysi far vida tantz digna
Que cant el sera passatz
A la tieua cura benigna
Per l'angel sia presentatz.
A — m — e — n.

463 Peut-être faut-il lire: *tu recebist l. b.?* — *Apres en lo fl. J.*
466 Ms.: *Sanc J. l. dec d. la sieua m.* — 478 Ms. *Q. m. m'aures p. certz.*
495 Comme un papillon On sait que cet animal était dans l'antiquité le symbole de l'âme et de la vie. La rime du 3e vers de la strophe semble indiquer que *tanhia* devrait être trisyllabique. Dans ce cas ce vers pourrait être lu: *Et apres s. c. t.* —510 Ms. *F. e. aunit.* —513 Ms. *E. a. n. a. fachas.*
519 Ms. *Al j. del j. s.* — 525 Ms.: *donas.*
533 *Cura*, probablement *lapsus calami* pour *cara*.

Marseille. — Typ. Marius Olive, rue Sainte, 39.

# NOTES

POUR SERVIR A

# L'HISTOIRE DE PROVENCE

PAR

**V. LIEUTAUD**

Bibliothécaire de la ville de Marseille
Membre de plusieurs *Sociétés savantes*

**N° 16**

## PRISE DE TARASCON PAR BERTRAND DU GUESCLIN

8 AVRIL 1368



**MARSEILLE**
**BOY FILS, M. LEBON**
Libraires

**AIX**
**MAKAIRE, LIBRAIRE**
Rue Pont Moreau, 2

1874

## ONT DÉJA PARU



### IL PARAIT DOUZE NUMÉROS PAR AN

(Tirés à très-petit nombre)

**Prix de l'année courante : 10 Fr.**

**Prix de l'année précédente : 20 Fr.**

PRIX DES NUMÉROS SÉPARÉS :

| | |
|---|---|
| N° 16 | Fr. 1 00 |
| N°s 9, 10, 13 14 | » 1 50 |
| N°s 2, 6, 7, 11 15 | » 2 00 |
| N°s 1, 3, 12 | » 2 50 |
| N°s 4, 5, 8 | » 3 00 |

# PRISE DE TARASCON PAR BERTRAND DU GUESCLIN

8 AVRIL 1368

---

La reine Jeanne régnait en Provence et à Naples.

Sans enfants, quoique plusieurs fois mariée, sa succession devait revenir au gouverneur de Languedoc, Louis d'Anjou, frère du roi de France, Charles le Sage.

Mais cet ambitieux, impatient de jouir, n'attendit pas la mort de sa bienfaitrice pour s'emparer de la couronne, Il rassemble, en 1368, une armée nombreuse, couvre le Rhône de ses bateaux et commence sa brutale prise de possession par le siége de Tarascon, la ville la plus voisine de son gouvernement.

Nous croyons être agréable à nos lecteurs en leur donnant le récit fidèle de ce fait, tiré d'une chronique contemporaine qu'aucun historien de Provence n'a encore utilisée : nous voulons parler de la *Chronique de Bertrand Du Guesclin* par Cuvelier, publiée, en 1839, dans la *Collection de documents inédits sur l'histoire de France*.

On sait que Du Guesclin, ayant entraîné en Espagne les *Grandes Compagnies* qui désolaient alors la France, y fut fait prisonnier par le prince de Galles, allié de Don Pedro. Mis en liberté sur parole, après s'être estimé lui-même 100,000 florins d'or, il parcourait la France pour ramasser sa rançon. Sa première visite fut pour le frère de son roi. Il le trouva au milieu de ses troupes, ne pouvant parvenir à s'emparer de Tarascon qui résistait vaillamment. Son arrivée changea la face des choses et, grâce à lui, la ville ne tarda pas à être prise (1).

Voici le texte du trouvère qui nous instruit, par le

(1) La chronique de Du Guesclin renferme aussi de curieux détails sur la visite que fit ce capitaine, à la tête de ses bandes de routiers, au pape Urbain V, à Avignon, en 1368. — cf. vers 7474-7759.

menu de tous les détails, de cet événement : (vers 13802-14039.)

Ainsi s'en va Bertran à la chière membrée,
Droit vers Terascon a sa voie tournée.
Ne sai que la chançon vous en fût démourée
Il est venus en l'ost à maisnie privée ;
Là fu de celle gent congnus sans demourée.
Venus sont contre lui, si li font enclinée.
Au duc d'Anjou en fu la nouvelle comptée.
« Sire, dient sa gent à moult haulte alenée,
Bertran du Guesclin vient ; là est dessus la prée. »
Et quand li ducs l'oy, bien li plaît et agrée.
Li ducs en est venus en sa tente litée
Du cheval descendi qui la resne ot dorée.
Atant et vous Bertran à la chière membrée,
Li ducs a encliné par moult simple pensée.
Et li ducs li a dit à moult haulte volée :
« Bien viengniez vraiement, vo venue m'agrée.
Comment le faites-vous, pour la Vierge honnourée ? »
— « Très bien, ce dit Bertran, qui de riens ne s'effrée,
Mais que ma raençon fust du tout aquitée. »
Et dit li ducs d'Anjou : « Par la Vierge honnourée !
Elle sera moult bien paiée et ordenée ;
Pour .xxx. m. doubles n'i ferez demourée. »
— « Sire, ce dit Bertran, à bonne destinée !
Mais encores me fault une telle denrée.

« Sire, ce dit Bertran, je me sui rençonnez
A .lx. m. doubles ; il faut qu'il soient paiez,
Car onques me cuidai de prison estre ostez. »
— « Par foi ! ce dit li ducs, je le cuidoie assez :
Nous en finerons bien ; or, ne vous en doubtez.
J'ai ici une guerre dont je sui trop irez :
La roynne de Napples me fait trop de grietez
Elle veult contre moi tenir ses héritez ;
Arle le Blanc me tient toutes ses fermetés. »
— « Sire, ce dit Bertrant, vous les conquesterez ;
Jamais n'en partirai jusques vous les arez. »
Lors monta ou cheval, quant il fu reposez,
Puis vint à Terascon où engiens ot levez ;
Et dit au geteours : « Faites et si getez ;

Nous averons la ville, se croire me volez. »
Et cil ont respondu : « Si con vous commandez,
Puisque le nostre bien vraiement vous nous volez. »
.I. espie s'en est privéement alez ;
Vint à Terascon, si est dedens entrez ;
Venus est aux bourjois qui gardoient les clefs,
Et à la cappitaine qui les a gouvernez.
« Seigneur, ce dit l'espie, envers moi entendez :
Je viens de l'ost au duc qui d'Anjou est nommez.
Tout ausi vrai que Dieux fu en la crois penez
Et qui fu au tiers jour de mort ressuscitez,
Bertran du Guesclin est de prison getez ;
Il est venus en l'ost à .II. M hommes armez,
Bretons et autres gens tellement ordenez
Que pour pierre geter ne puet estre grevez. »
Et dirent li bourjois : « Mal y fust arrivez.
Car puis qu'il est venus, voi nous ci afolez. »

Par dedens Terascon, la ville souffisant,
Furent tuit esbahi li petit et li grant.
Quant il orent oy la venue Bertran
Or nous dit l'istoire dont fait est le rommant,
Devant Terascon dont je vous vois comptant
Faisoit li ducs geter mainte piere pesant
A .XVIII. engiens qui fureut là devant.
En icelle saison dont je vous vois comptant
Vint au duc .I. secours pour l'amour de Bertran .
Olivier de Guesclin son frère le vaillant,
Olivier de Manni .I. hardi combatant,
Et Hervé le sien frère vint à lui acourant,
Et Alain de Manni avec li maint sergent ;
Si vint Petit Cambrai sur .I. cheval courant,
Alain de la Houssoie et son frère Tristan,
Esmerion c'on va Estonne appelant.
Et quant Bertran le sceut, si les va festiant
Et cil furent de lui baut, lié et joiant.
I lor a dit : « Seigneur, je vous jur et créant
Qu'en Espaigne irons temprement cheminant.
Mais que j'aie paié ma raençon très grant,
Chascun vous donra coste, haubert ou jaserant ;
Et villes et citez enfin vous donront tant
Que bien riche seront tuit vos appartenant. »

Et cil ont respondu : « Nous l'alons desirant ;
Nous materons roy Pietre le chetif mescréant. »

Seigneur, grant fu li siéges pardevant Terascon.
Avec le duc d'Anjou estoient maint baron ;
Là fu Robert le Conte, qui fu de sa maison ;
Si fu li burs de Bierne, .I. hardi compaignon,
Et Perrin de Savoie qu'oublier ne doit-on ;
Jaques de Brai y fu et Alain Papillon,
Et le petit Meschin qui cuer ot de lyon.
Or fist le duc d'Anjou faire telle façon :
Dessus une rivière qui court à Terascon,
.I. grant pont de bastiaux et grant défencion
Encontre les Engloiz dont il venoit foison.
La roynne de Naples qui tant ot de renon
Pour la ville secourre qui estoit en son non
Avoit .LX. nez, je croi, ou environ,
De bonnes gens armez à lor division ;
Mais n'i porent entrer n'empirer .I. bouton ;
Retraire les couvint ou vosissent ou non ;
Droit à Arle le Blanc firent repairison.
Moult fu grande la guerre en celle région.

Par dedens Terascon, celle ville fermée,
Là fu li ducs d'Anjou o sa gent redoubtée ;
A .XVIII. engiens getans de randonnée
Assaillirent la ville toute jour à journée
Qui bien se défendoit comme gent adurée ;
Ne se voloient rendre, ains gardoient l'entrée.
Lors Bertran du Guesclin, qui tant ot renommée,
Monta sur son cheval ; ains n'i porta espée,
Et n'avoit en sa main c'une verge pelée
Aux bailles est venus, qu'il n'i fist arrestée,
Et puis c'est escriez à moult haulte alenée :
« Faites parler à moi sans nulle demourée ;
Et se vous ne créez mon dit et ma pensée,
Il n'i ara celui n'ait la teste copée. »
Parmi la ville ont la nouvelle escoutée,
Que Bertran du Guesclin les atent à l'entrée.

Les bourjois de la ville vindrent isnellement
Aux bailles de la porte pour tenir parlement ;

Le cappitaine y fu trestout premièrement.
Et quant Bertran les vit, si lor dit doulcement :
« Beaux seigneur, je vous pri, pour Dieu omnipotent,
Que vous aiez pitié de vous et de vo gent,
De femmes et d'enfans, du tout entièrement ;
Car je vous jur sur Dieu que je croi fermement
Que se vous ne créez conseil isnellement,
Je vous ferai morir à dueil et à tourment ;
Il ne vous demoura monnoie ne argent,
Ne fames ne enfans, ne cousin ne parent,
Que tout ne soit gasté et mort honteusement.
Voici le duc d'Anjou qui tant a hardement,
Qui est frère du roy cui doulce France apent
Obéissez à lui, si ferez sagement ;
Et se vous ne le faites, je vous ai en couvent.
Et si le veu à Dieu, à S. Yve ensement,
Que je demourai si tant et si longuement
Que je vous averai à mon commandement.
Et se je le puis faire et raison s'i assent,
Tous les riches bourgeois de vo contenement
Ferai trenchier les testes trestous entièrement.
Et tout le demourant de la commune gent
Ferai de Terascon issir communément
Et fames et enfans et trestout le couvent
Qu'ausi nu isteront trestuit communément.
Qu'Eve et Adam firent tout par le Dieu commant
Par désobéissance qu'ilz firent plainement,
Quant Eve fu temptée par le fait du serpent.
Et si vous avisez demain tant seulement,
Et puis le secont jour à prime droitement
Soiez appareilliez à mon commandement
Ou jamès vous n'arez paix en tout vo vivant.

« Seigneur, ce dit Bertran, pour Dieu de paradis !
Or, aiez s'il vous plaît conseil et bon avis,
Et si ne consentez ne en fais ne en dis,
La roynne de Napples, à cui estes subgis,
Ne vous puet conforter des gens de son païs.
Mais li bons ducs d'Anjou, qui tant est poestis,
Qui est frère germain au roi de S.-Denis,
Vous puet bien garantir tant comme il sera vifs

Je le vous di pour bien et pour estre garis.
A celui vous commant qui en la crois fu mis
Adont le cappitaine c'est de là départis ;
Par dedens Terascon en est levez li cris.
Là péussiez oyr les grans et les petis
Et dire l'un à l'autre : « Vrai Dieu de paradis !
Voi ci dures novelles de coi nous vauldrons pis ;
Car il faut que li sors Bertran soit accomplis :
Oncques ne fut chastel si fort ne bien assis
Qu'à lui ne se rendist ains que fust départis. »
En Terascon fu grant noise et grans cris ;
Les fames si estoient encontre les maris,
S'en y ot en la ville batus des plus hardis.

Dedens Terascon est la nouvelle alée
Que Bertran du Guesclin, qui tant ot renommée,
Les menace trestous de morir à l'espée,
Se la ville briefment n'est par eulx délivrée,
Adont fut la commune noblement assamblée
Pour tenir parlement de celle euvre ditée.
Là fu au duc d'Anjou la ville accordée,
Et en celle saison y ot grande merlée.
Contre le Provenceaux à banière levée
Venoient devers l'ost chascun ou poing l'espée.
Dessus une montaigne qui estoit grant et lée
Montèrent nostre gent de hardie pensée,
Et cil de là dessus çà jus en la valée
Traioient fièrement sans faire demourée,
Mais li trais n'i vali une pomme pelée ;
Car par dessus le trait fu nostre gent montée,
Et firent reculé bien .I. arbalestrée.
En ceste place fu ceste gent délivrée.
Olivier de Manni et cil de son armée
Prindrent le cappitaine à icelle journée.
Lendemain au matin, aprez prime sonnée,
Fu dedens Terascon ceste gent aprestée
Pour ceste ville rendre qui bien estoit fermée.
.IIII. bourjois y vint de grande renommée
Devers le duc d'Anjou en sa tente drécée
Où toute la fleur fu de son ost assamblée.

Li ducs d'Anjou estoit dedens son pavillon
O Bertran du Guesclin qu'il ama de cuer bon :

Olivier le sien frère y fu, bien le scet- on,
Et Petit de Cambrai avec Emerion,
Alain de la Houssoie et son frère Guion ;
Si fu Robert le Conte et Regnault d'Aridon
Avec Jaque de Brai et Alain Papillon
Et le petit Meschin et le bourc de Digon
Avoc pluseurs autres qui sont bon champion :
Plus désirent la guerre qu'esprivier le hairon
Li .iiii. bourjois vindrent dedens le pavillon ;
Dit li .i. des plus sages qui fu de grant renon,
A dit au duc d'Anjou sans nulle arrestison :
« Très gentilz ducs, dit-il, de noble estracion,
A vous nous ont tramis ceux de Terascon ;
Bourjoises et bourjois et tuit li enfançon
Vous envoient les clefs à vo division,
Et vous prient, pour Dieu qui souffri passion,
Qu'à tous ceulx de la ville veilliez faire pardon
Qui contre vous ent fait grande rebellion. »
Et quant li ducs l'oy, si dréça le menton,
Moult grant pièce pensa, qu'il ne dit o ne non ;
Car recéu avoit grande perdicion
Pour celle ville avoir en sa possession.
Mais Bertran du Guesclin l'appela à haut ton :
« Sire d'Anjou, dit-il, or oez ma raison :
Je vous prie pour Dieu et le corps S. Yvon
Qu'à ceulx de celle ville veilliez faire pardon. »
— « Bertran, ce dit li ducs, je le vous donne en don ;
Par vous ce sont rendu et par vostre achoison,
Et je le vous octroi et en faites vo bon. »
— « Or, avant, dit Bertran ; présentez vo pennon
Et on le portera lassus en ce donjon. »

Quant Bertran li gentilz ot fait mettre voiant
Le pennon sur la tour qui estoit par avant,
Les portes fist ouvrir du tout à son commant.
Les dames de la ville venoient fort plorant
A l'encontre du duc qui le cuer ot vaillant.
Là endroit se logèrent tuit les plus souffisant ;
Gent y laissa li ducs du tout à son commant.
Et .i. bon chastelain où il s'aloit fiant.

Marseille. — Typ. Marius Olive, rue Sainte, 39

www.ingramcontent.com/pod-product-compliance
Lightning Source LLC
Chambersburg PA
CBHW072021080426
42733CB00010B/1774
* 9 7 8 2 0 1 2 5 9 1 5 5 4 *